HECHIZOS, ENCANTAMIENTOS Y AFIRMACIONES

Cómo iluminar tu vida y conseguir lo que deseas

BHAVANA SHARMA

DIANA

Título original: *Just Spells*
Traducción: Berenice García Lozano

Diseño de portada: Eleazar Maldonado / Factor 02
Diseño de interiores: Argelia Ayala

© 2008, Bhavana Sharma
Publicado mediante acuerdo con Mosaic Press, Oakville, ON, Canadá
Edición original publicada en 2008 por Kuldeep Jain para Health Harmony,
un sello de B. Jain Publishers (P) Ltd., Nueva Delhi, India.

Derechos en español para América Latina y Estados Unidos

© 2010, Editorial Planeta Mexicana, S.A. de C.V.
Bajo el sello editorial DIANA m.r.
Avenida Presidente Masarik núm. 111, 2o. piso
Colonia Chapultepec Morales
C.P. 11570 México, D.F.
www.editorialplaneta.com.mx

Primera edición: julio de 2010
ISBN: 978-607-07-0447-5

Impreso en los talleres de Litográfica Ingramex, S.A. de C.V.
Centeno núm. 162, colonia Granjas Esmeralda, México, D.F.
Impreso y hecho en México – *Printed and made in Mexico*

Contenido

Hechizos para la salud, el hogar y la armonía

Agradecimientos

Quiero expresar mi sincera gratitud al periodista Anu-
radha Varma por darme la maravillosa oportunidad de
escribir este libro. Agradezco en especial a B. Jain Publishers por su compromiso, paciencia y aliento, y a
los doctores Geeta Rani Arora y Shruti Kirti Goel por su
guía, así como a todos aquellos que me ayudaron mucho en el proceso técnico. Sin ellos, este libro jamás
hubiese salido a la luz, así es que estoy eternamente
agradecida.

BHAVANA SHARMA

Prefacio

Desde que era adolescente, siempre tuve un interés profundo en las ciencias paranormales y las energías del universo, y me hice consciente de las fuerzas que me inspiraban en silencio. En este proceso, aprendí tanto sobre las energías universales que quise iluminar al mundo y hacerle saber que la magia está en todos lados y en todo lo que nos rodea, y también en nosotros mismos. Los hechizos pueden disparar tu confianza y ayudarte a aprovechar tu propia energía espiritual al máximo de su potencial. Los rituales pueden abrir puertas y brindarte oportunidades que, de otra manera, quizá hubiesen permanecido desconocidas para ti. Este libro es el fruto de mi conocimiento sobre las energías universales y las diversas formas creativas para despertar sus poderes, junto con los hechizos tradicionales que siempre han sido una guía para tejer una buena magia. Con este libro, la gente de todos los senderos —de las amas de casa ocupadas a los altos ejecutivos— puede practicar encantamientos fáciles y divertidos. Con paciencia y práctica, todos pueden beneficiarse y obtener un mayor control sobre su vida, para que las cosas empiecen a suceder como siempre lo han querido, en lugar de dejarlas al destino. Así es que, si estás buscando un hechizo de amor, suerte o prosperidad, aquí hay una forma divertida, pero eficaz, para asegurar recibir siempre las cosas buenas de la Diosa Fortuna. ¿La mejor parte? Hay maneras de hacer que suceda.

Sinceramente, espero que este libro, *Hechizos, encantamientos y afirmaciones,* brinde a todos los lectores algunas medidas, afirmaciones y consejos de Feng Shui que puedan darle más sabor a su vida.

BHAVANA SHARMA
www.tarotmystic.com
bhuvi000@yahoo.com
bhuvi0004@gmail.com

Elogios

Disfruté dar vuelta a las páginas de este libro. ¡Encanta! Te ayudará a crear un equilibrio y despertar tu conciencia emocional, ¿por qué no encender una vela, como Bhavana sugiere? No olvides agregar las flores, que iluminarán el sendero que estás buscando.

NAFISA ALI,
Activista social

Este es un libro ameno de pequeñas afirmaciones, más que de hechizos, adornadas con velas y fragancias para invitar a las energías cósmicas de la curación.

MA PREM USHA

Introducción

Los humanos siempre han tenido un gran y profundo respeto por el fuego y su poder. No tardaron mucho en descubrir que el fuego tenía dos aspectos, el sagrado y el mundano. Empezaron a utilizarlo en una forma sagrada a través de hechizos y encantamientos. Así fue como los llamados hechizos tradicionales con que contamos en el presente surgieron por primera vez. La generación de hoy cree en la curación espiritual y busca las terapias más profundas de la Nueva Era para redescubrir una dimensión no sólo material en su vida. Medios como los Hechizos de las Velas, las afirmaciones y las prácticas de Feng Shui son reconfortantes y ofrecen resultados positivos. Pero para alcanzar el éxito a través de los Hechizos de las Velas y las afirmaciones debes tener una intensa fuerza de voluntad y un profundo deseo de alcanzar tu meta. No puedes realizar los rituales con poco entusiasmo, pues no resultará. Debes tener la convicción de que alcanzarás el resultado y entregarte a ella por completo: en cuerpo, mente, emociones y espíritu. Si tienes dificultad para que el objetivo se manifieste, deberás repetir el hechizo durante algún tiempo para dar fuerza al efecto según las fases adecuadas de la luna. Así es que para garantizar la mayor probabilidad de éxito en tus rituales con velas, deberás sincronizarlos con ciertas fases de la luna, como en luna creciente y en luna menguante. La idea detrás de ello es que te conectes con una energía más fuerte para utilizarla en tus hechizos. El ciclo creciente de la luna atrae energías más fuertes y positivas hacia tus encantamientos. Así es que durante la luna creciente puedes hacer magia para empezar todos los proyectos positivos, es decir, prosperidad, crecimiento, amor y éxito. De igual modo, los ciclos de luna menguante son usados generalmente para eliminar la negatividad, para la protección y para acabar con relaciones tóxicas.

De la misma manera, cada día de la semana se encuentra usualmente conectado con un planeta específico, así que ciertos hechizos deben realizarse sólo durante un día determinado. También debemos observar que los colores planetarios y sus poderes tienen un efecto especial en los hechizos, por lo que distintos colores de velas deben usarse en los días apropiados para atraer una energía particular. El tipo de velas que debes utilizar son delgadas y altas o velas votivas. No utilices velas de colores incrustadas en un molde ni velas aromáticas para tus hechizos. Junto con esto, la utilización de incienso, aceites y cristales específicos forman una parte muy importante del hechizo. Añaden energía psíquica a tu trabajo y te ayudan a concentrarte más profundamente en el ritual. Puedes elegir los cristales en su estado natural o tratados, y esto puede ser tan eficaz como utilizar los costosos.

Así es que, ya sea que necesites que tus oficinas se llenen de energía chi positiva, o desees tener relaciones armónicas con tu familia, o con un ser amado, el libro te ofrece una solución sencilla, la cual incluye meditar en el "aura" de algunas velas de color específico y más... Así es que sigue leyendo...

Nota: Todos los rituales deben realizarse bajo el propio riesgo de los lectores y la autora no es responsable de ninguna consecuencia que surja de los mismos.

Hechizos para las relaciones

Mira mis ojos

MATERIAL:

Un palo recto de madera
Un cuchillo
Dos listones verdes
Dos listones amarillos
Un hilo de lana
Cuentas
Pendientes o piedras para decorar

Ahora toma los listones y átalos alrededor de la punta del palo, fijándolos con el hilo de lana. Sostén el palo con fuerza y saca los listones a ambos lados. Después entretéjelos hasta la otra punta. Ata los extremos con hilo. Puedes colgar pendientes, cuentas o piedras en ellos como decoración. Cuando tu varita esté lista, tómala en tus manos y recita las siguientes palabras:

"Que el flujo de suavidad y deleite en mi corazón cree energía positiva de amor incondicional, tanto en mí como en otros".

Para complacer a un ser amado o hacer florecer romances

Tú sabes lo romántico que es enviar o recibir rosas rojas de tallo largo. Las rosas rojas son una expresión universal de romance. Al enviar flores a los seres amados, elígelas amarillas. Estas simbolizan energía *yang*, así como la maravillosa y suave energía de la tierra. Al enviar flores a tu amado o amada, siempre elige aquellas que contengan hojas pequeñas y frescas, lo cual indica crecimiento en las relaciones. También contienen energía chi, que es muy eficaz para engendrar romances o vigorizar un matrimonio que se ha vuelto rancio y se ha estancado.

Sé una diosa *chic*

MATERIAL:
Vela blanca
Aceite de lavanda

Para ayudar a suavizar la severidad del dolor emocional y a que tus experiencias no se sientan tan devastadoras, puedes encender una vela blanca, untarle aceite de lavanda y decir las siguientes palabras:

"Ayudo a redirigir mis energías a un estado más equilibrado, en lugar de ser solamente un testigo de mis experiencias".

Puedes repetir este proceso cuantas veces quieras durante el día.

Rosa de corazón

Puedes utilizar este hechizo para recuperar a un o una ex o para terminar una discusión entre amigos. Este ritual debe realizarse sólo en la mañana.

MATERIAL:
Dos velas rosas
Una foto o un dibujo de tu amado o amigo
   (Asegúrate de que él o ella se encuentren solos en la foto)
Una foto de ti mismo sonriendo

Al sentarte para el ritual, enciende las dos velas rosas y mantén las fotos viendo hacia abajo a los lados. Al irte concentrando en la vela, repite las siguientes palabras:

"Espíritu del sol, espíritu del sol,
ven este día e ilumina el camino.
Préstame tu poder luminoso,
para que pueda atraer sin dificultad a mis amigos/o mi amante
a mi vida para siempre, y para el bien de todos".

El amor de tus sueños

¿Harta de tu soltería? Puedes intentar un nuevo hechizo que hará maravillas por ti. Pero recuerda que no debes pronunciar ningún nombre, pues esto va en contra de la voluntad del universo.

MATERIAL:
   Dos velas verdes
   Pétalos de rosa
   Incienso de canela

Al sentarte para lanzar tu hechizo, enciende la vela, esparce los pétalos de rosa a su alrededor y prende el incienso.

Al irte concentrando en la vela, pronuncia las siguientes palabras:

"Veo mi cuerpo emocional como el portador de la llave para mantener el equilibrio y el bienestar, pues también valoro mi sensibilidad y sé que está bien sentir lo que estoy sintiendo.

Pido compartir mi amor con otro que vendrá a mí por su propia voluntad y juntos conoceremos la belleza de una unión amorosa. Te pido esto por el bien mayor de todos los involucrados".

Apaga la vela y continúa haciendo lo mismo cada noche hasta que el universo responda tus oraciones.

Por fin solo (a)

Este es un hechizo tradicional y puede hacerse simplemente a través de la visualización. Puedes sentarte en un cuarto silencioso y empezar a visualizar que tu amante está junto a ti en medio de la belleza natural. Conforme hagas esto, repite mentalmente que aunque alguna vez estuvieron unidos por el amor y la buena voluntad, ahora quieres elegir un camino distinto y soltar los vínculos de esta unión.

Puedes pedirle al universo una vida independiente y separada diciendo:

"Sin importar lo agridulce que sea la partida, deja que mi corazón y mi alma sean libres. Que así sea".

Inundarte de energía chi positiva

MATERIAL:
Hiedra
Planta de color verde jade

Si tu objetivo es tener relaciones armónicas con tus compañeros de trabajo, coloca una hiedra en la parte de tu escritorio que da al Este.

Construirá tu expresión de constancia y paciencia. También puedes colocar una pequeña planta color verde jade en el norte de la mesa para aumentar tu perspectiva de bienestar económico y mejorar las relaciones de negocios.

Eliminar una disputa mental

MATERIAL:
Dos velas blancas o una azul
Fotografía de la persona que ha herido tus
sentimientos

Enciende dos velas blancas o una azul en noche
de luna nueva. Si lo necesitas, saca una
fotografía de la persona que ha herido tus
sentimientos. Para la curación emocional, di lo
siguiente mientras observas la llama de las
velas:

"Lo que hiciste me ha herido,
con un dolor que quema mi corazón,
me depuro de cualquier malentendido
y deseo seguir adelante.
Amén".

Darle sabor a tu vida con nuevas amistades

MATERIAL:
Una vela rosa
Una vela blanca

Los amigos son el alimento de la vida, y los buenos amigos son como piedras preciosas, difíciles de encontrar. Para conseguir nuevos amigos y condimentar tu vida, necesitas una vela rosa para la amistad y una vela blanca para la protección.

Mientras enciendes la vela rosa al amanecer, pronuncia las siguientes palabras:

"Venus, luz del amor, honro e ilumino tu belleza y te invoco para que me ayudes a encontrar muchos amigos en la vida. Solicito amigos con la misma intensidad, que harán prevalecer la alegría y la celebración".

Apaga las velas cuando acabes tu hechizo. Puedes repetirlo durante siete días hasta que empiecen a aparecer nuevos amigos en tu camino.

Haz que alguien comparta tu opinión

MATERIAL:
  Vela rosa
  Vela azul

Un viernes al anochecer, enciende una vela rosa para el amor y una vela azul para la curación. A continuación, pronuncia el siguiente encantamiento:

"Luz sagrada, pido que esta persona esté de acuerdo con mis deseos, y que se acerque a la luz de la más grande sabiduría para poder cambiar sus creencias y actuar sin egoísmo".

Encantar a una persona

Una vela dorada
Semillas de girasol

Cuando quieras encantar a una persona o impresionar a alguien, puedes intentar este hechizo y ver si te funciona. Enciende una vela dorada y esparce semillas de girasol a su alrededor.

Mientras miras fijamente a la flama, pronuncia las siguientes palabras:

"Quisiera encantar a las personas de mi vida con buena voluntad y amor. Ayúdame a ser una fuente de calidez y luz para aquellos con los que me cruce. Permíteme encontrar mis poderes de atracción magnética, y que estos condimenten mi vida y encanten a la gente en forma mágica".

Flor de loto para la pureza en las relaciones

MATERIAL:
Flor de loto

La flor de loto es un símbolo contundente de la pureza, así es que las recámaras y las salas que son decoradas con la planta o la flor de loto, reales o artificiales, cultivarán una sensación de paz y satisfacción en las relaciones.

Atrae el amor con cristales y energía chi

MATERIAL:
Cristal de cuarzo

Coloca un cristal de cuarzo en algún rincón que dé al sudoeste en tu casa, pues fomentará la armonía y el amor y realmente activará el chi de esa área. Cuida el cristal y no dejes que nadie lo toque. Pronto descubrirás que tu hogar atrae energía chi positiva.

Mejorar la relación con tus seres cercanos

MATERIAL:
Pasionaria
Albahaca seca

El día de hoy prepárate un té de pasionaria. Antes de beberlo, sostén la taza con ambas manos y pronuncia lo siguiente:

"Mi corazón está abierto a un camino de curación y amistad".

Acércate la taza a la frente y repite:

"Sabios, ayúdenme a ver cómo puedo curar esta relación".

Mientras bebes el té, piensa en la forma en que contribuyes al conflicto y cómo puedes cambiar tus reacciones. Cuando vayas a estar con esta persona, asegúrate de cargar una pequeña cantidad de albahaca seca en tu bolsillo o bolsa.

Un regalo rojo para mejorar la suerte marital

El novio debería darle un regalo a su novia, algo que represente el elemento del fuego y la energía yang. Sería maravilloso si le diera un par de zapatos rojos, un vestido de noche rojo, aretes de rubí, rubor, una cobija roja o un par de macetas de un rojo brillante.

La novia puede hacer lo mismo al elegir regalos para su esposo. Le puede comprar una corbata roja o un pañuelo de seda rojo para garantizar el gozo marital. Ella también debe comprarle un abanico de sándalo para expresar deseos duraderos de fidelidad y matrimonio exitoso.

Restaurar la chispa en tu matrimonio

Si deseas que la energía entre ustedes pulse nuevamente, dibuja símbolos de amor eterno como parejas de gansos o patos mandarines en una pancarta. Después, escribe tu deseo de un mayor gozo marital. Cuélgalo de la ventana de tu cuarto y deja que el viento lo mueva. Entre más revolotee en el viento, mayor será la energía positiva que atraerás. Deja que cuelgue durante al menos siete días y siete noches antes de descolgarlo.

Bendice una nueva relación

MATERIAL:
  Barra de pan fresco

Hornea una barra de pan. Elévala hacia la luna y pídele a Nuestra Señora que bendiga el pan así como la relación. Parte un pedazo de pan para tu compañero o compañera, así como para ti mismo. Cuando pasen tiempo juntos, también compartan pan. No cortes el pan con un cuchillo ni cualquier otro utensilio filoso. Sólo corta los pedazos con tus manos.

Reparar un corazón roto

MATERIAL:
  Una vela azul
  Una vela rosa

Para reparar un corazón roto, enciende una vela azul y una vela rosa durante la fase menguante de la luna, cualquier día de la semana.

Al encenderlas, repite las siguientes palabras:

"Que el pasado sea olvidado, ya no me sirve. Invoco la flama sagrada para entregar todos mis pesares y dolor al universo, y así mi corazón pueda, otra vez, sentirse libre para amar".

Una lluvia de rosas

MATERIAL:
Una vela roja
Una vela rosa
Rosas rojas
Rosas rosas

Este hechizo funciona para proteger nuevas relaciones. Necesitas una vela roja y una rosa y algunas rosas rojas y rosas. Este ritual puede hacerse en cualquier momento para atraer las bendiciones. Esparce los pétalos alrededor de las velas cuando inicies tu hechizo.

Conforme enciendas la vela roja, pronuncia las siguientes palabras:

"Quisiera atraer pasión a esta relación".

Conforme enciendas la vela rosa, observa fijamente las llamas y pronuncia:

"Envuelve de romance esta relación. Que dure para siempre, y que el amor y las bendiciones abunden".

Tu hechizo ha terminado.

Un dije de jade para atraer el amor

MATERIAL:
  Una piedra de jade

El jade es una antigua piedra que atrae el amor. Cincela la piedra en forma de mariposa y úsala en una cadena para atraer el amor a tu vida, o puedes regalársela a alguien con la esperanza de que tenga amor. También puedes usarla como un regalo de compromiso y dársela a tu prometido o prometida. La piedra, además, alienta a las personas cercanas a que te expresen su afecto. También funciona fomentando el amor a ti mismo.

"Para siempre en tu corazón"

MATERIAL:
- Dos hilos rojos
- Una hoja de papel rosa
- Pequeños cuarzos de color rosa (en forma de corazón)
- Cuentas rojas y rosas
- Pétalos de rosas rojas y rosas
- Una vela rosa en forma de corazón
- Incienso de rosa

Durante la fase creciente de la luna, dibuja un gran corazón en el papel rosa. Llena el corazón con los pequeños cuarzos rosas (que tienen forma de corazón), coloca la vela rosa en medio del corazón y enciéndela. Pon las cuentas coloridas dentro y decora también el contorno del corazón. Toma los dos hilos rojos y ata sus extremos, esto significa un vínculo entre tú y la persona a la que amas. Enciende el incienso de rosa y mientras observas fijamente la flama repite las siguientes palabras:

"Vela de poder, vela de energía,
que mi amor florezca y se mantenga siempre así,
que ningún conflicto se atraviese por nuestro camino.
Nuestro amor siempre florecerá como una rosa roja, muy roja.
Para hoy y siempre. Amén".

Apaga la vela y limpia tu altar.

Para la curación

MATERIAL:
    Fluorita verde / cristal de jade
    Vela blanca
    Una hoja* verde

Mientras enciendes la vela blanca, coloca el
cristal en la hoja verde sobre una mesa. Durante
dos minutos, medita viendo la vela y después
sostén el cristal en tu palma. Visualiza a todos
los involucrados (incluyéndote a ti mismo)
cooperando y con la mente abierta, incluso si
ciertas personas no son así normalmente. Confía
en la guía interior que recibas y acepta que los
cambios a veces son incómodos, pero con
frecuencia necesarios. De esta manera, puedes
pedirle al universo que te ayude con cualquier
aspecto de las relaciones que necesite curación.

Está bien hacer este ritual una vez al día
durante todo el periodo menguante de la luna.

* Se trata de una hoja de planta o árbol, no de
papel. (N. del t.)

Rincón del amor

MATERIAL:

Loritos del amor (agapornis)
Patos mandarines
Vela color naranja
Cristales de granate

El rincón sudoeste de tu recámara atrae amor apasionado y romántico a tu vida. Para asegurarte de que este rincón haya sido activado lo suficiente, coloca a los loritos del amor y los patos mandarines ahí para la dicha conyugal. A fin de garantizar una relación armoniosa entre tú y tu amante o cónyuge, también puedes realizar un ritual encendiendo una vela de color naranja y colocando cristales de granate alrededor de ellas para atraer energía yang. Para completar el hechizo, permite que la vela naranja se extinga completamente, pero asegúrate de que la cera caliente no provoque ningún daño. Está bien repetir este proceso tres veces a la semana durante la fase creciente de la luna.

Amor espiritual

MATERIAL:
Vela blanca
Cristal de amatista

Enciende tus energías espirituales con cristales tales como amatista, que pueden incrementar tu conciencia psíquica y agudizar tu sexto sentido.

Al encender la vela blanca, sostén la amatista en tu mano y pídele al universo que te conceda conocimiento y sabiduría espirituales.

Repite la siguiente afirmación:

"Concédeme conocimiento y sabiduría espirituales para que pueda utilizarlos en bien de toda la humanidad. Ayúdame a elevar mi propósito y conciencia espirituales y a conectarme con la Divinidad que está dentro de mí. Amén".

Para pasártela súper

Si quieres tener una vida social activa, puedes probar este hechizo.

MATERIAL:
Tres velas rojas
Tres velas amarillas
Tres velas color naranja
Una vela blanca para protección
Incienso de olíbano o copal e incienso de mirra

Realiza este hechizo en viernes o domingo. Es mejor hacerlo durante el ciclo creciente de la luna.

Conforme enciendas las velas y quemes el incienso, repite lo siguiente:

"Las energías yin y yang deben venir a mí y promover mi buena vida social. Que los amigos vengan a mí, pues estoy listo para atraerlos a mi vida con amor y buena voluntad. Amén".

Puedes repetir el hechizo tres veces a la semana durante la fase creciente de la luna.

Para un lazo de amor

MATERIAL:
  Dos velas rosas
  Un listón rosa
  Incienso de rosa

Para un mejor efecto, realiza este hechizo durante treinta segundos al anochecer. En la fase creciente de la luna, enciende las velas y quema el incienso de rosa en tu altar, visualizando a tu amante y a ti mismo. Poco a poco junta las velas rosas y únelas con un listón rosa. Apaga las velas y repite el procedimiento durante siete días consecutivos.

Eliminar la infidelidad

MATERIAL:
Una vela negra
Una vela blanca
Incienso de rosa

Este es un hechizo para protegerte de
circunstancias no previstas. Así, si estás casado,
es buena idea asegurar que nada salga mal.

Al encender la vela blanca y quemar el
incienso, durante la fase menguante de la luna,
repite lo siguiente:

"¡Vela blanca! Por favor escucha mi plegaria,
ayúdame a eliminar cualquier obstáculo en mi
relación, en el área del amor, la amistad y la
fidelidad".

A continuación, enciende la vela negra y repite:

"Escucha mi plegaria, ayúdame para que nada
ni nadie nos dañe o alarme, que jamás vayamos
por caminos separados, y elimina toda
negatividad de nuestra relación. Amén".

Energía para tu rincón amoroso

MATERIAL:
Velas rojas y amarillas
Lámparas rojas
Loritos del amor
Cuarzos claros
Una pintura de las montañas

Cuando hayas elegido el rincón amoroso de tu casa, probablemente en la parte sudoeste de la misma, debes colocar lámparas rojas ahí, y quemar velas rojas y amarillas para atraer la energía yang. También puedes colocar imágenes de loritos del amor y un cuarzo claro. Cuelga algunas pinturas de montañas para fortalecer la energía de la tierra en tu cuarto.

Recuperar a un ser amado

MATERIAL:
Cuatro espejos rectangulares
Una fotografía tuya
Fotografía de tu ser amado
Un listón o hilo rojo y grueso

Toma cuatro espejos rectangulares y pega tu foto en la parte trasera de uno de los espejos. Toma la foto de tu ser amado, con el que discutiste o hubo malos entendidos. Pégala detrás del otro espejo rectangular. Ahora toma los otros dos espejos y pégalos juntos por sus partes posteriores, con las superficies reflectoras viendo hacia fuera. Ahora, coloca las fotos en cualquiera de los lados de los espejos centrales para que queden frente a frente. Puedes unir todos los espejos con un hilo o listón rojo y grueso.

Déjalos en tu clóset por siete días consecutivos, después de los cuales puedes hablar con la persona con la que tuviste diferencias. Puedes estar seguro de que obtendrás una reacción positiva y el orden de las cosas será restablecido.

Para un romance duradero

MATERIAL:
- Dos velas rojas
- Una vela blanca
- Una vela rosa
- Incienso de rosa
- Cuarzo rosa

En los días de la luna creciente, una vez al día, enciende todas las velas de colores en línea recta sobre tu altar, y coloca el cuarzo rosa entre las velas roja y rosa. Quema un incienso de rosa para llenar de energía tus oraciones y pronuncia lo siguiente:

"Me identifico con el amor duradero, ese que no tiene ni principio ni fin. Amén".

Elegir entre amantes

MATERIAL:
Dos rosas
Cristales de cuarzo

Lanza este hechizo durante el primer cuarto creciente de la luna, cualquier día de la semana. Sostén dos cuarzos rosas en la palma de cualquier mano e imagínalos bajo el resplandor mágico de la luz de la luna. Piensa en el nombre de tus dos prometidos o amantes y deja que cada cristal represente a cada uno de los pretendientes. Cierra tu palma así como tus ojos por un segundo. Deja que tu pensamiento fluya y visualiza la zona de tu pregunta, el cuarzo izquierdo para un pretendiente y el derecho para el otro.

A continuación, abre tus ojos y sostén el cristal en tu palma hasta que esté caliente. Observa el color y el tono de ambos cristales rosas. El que tiene un tono rosado más oscuro es la respuesta, y él o ella serán el amante o pretendiente al que debes conservar; y es necesario que dejes ir al otro.

Puesto que la solución yace en tu subconsciente, la respuesta también puede ser revelada durante tus sueños.

Dulces sueños

MATERIAL:
Cristal de piedra de luna

Realiza este hechizo durante la fase creciente de la luna, después de que salga para incrementar los poderes, sentimientos y sueños lunares. El día debe ser lunes, dedicado a la diosa de la luna.

Antes de irte a dormir, mentalmente imagina a tu ángel sosteniendo una cubeta. Puedes colocar todos tus problemas en esa canasta y el ángel se los llevará. También coloca un cristal de piedra de luna bajo tu almohada cada noche para tener dulces sueños.

Quiero enamorarme

MATERIAL:
Dos velas rosas
Una vela roja
Incienso de rosa

Este es un hechizo que puedes realizar fácilmente durante una luna creciente o en luna azul (segunda luna llena en un mes). Enciende dos velas rosas y una vela roja, así como incienso de rosa. Respira profundamente y colócate ante el altar.

Visualiza que te enamoras de la persona de tu elección mientras dices:

"Dama lunar, tráeme el hombre o la mujer de mi elección, alguien que sea digno de mí".

Tu deseo deberá realizarse en tan solo un ciclo lunar. Si no, está bien repetir este hechizo, especialmente en día de luna nueva, cuando el nuevo ciclo empiece.

El juego de la pasión

MATERIAL:
Una vela morada
Una vela roja

Puedes lanzar este hechizo en luna llena o durante su fase creciente. Enciende una vela morada y una vela roja, pues esto envía un revuelo de tipo más terreno para acelerar tu pasión.

Mientras observas la flama de la vela en tu altar, di:

"Mi sensualidad hará que mi pareja se sienta especial y con mi profundo entendimiento podré lograr un compromiso total. Quiero que mis energías sean apasionadas y sublimes".

Visualiza a tu amante y a ti mismo siendo apasionados y sofisticados como nunca, y sintiéndose apreciados.

Atraer la mirada
de quien te gusta

MATERIAL:
Flores de pensamiento (de todos los colores)
Tazón de cristal
Dos hojas de menta
Hojas de salvia
Velas blancas
Tela blanca
Agua

Cuando quieras obtener la atención de alguien que te gusta, reúne flores de pensamiento de todos los colores y colócalas en un tazón de cristal lleno con agua. También coloca dos hojas de menta en él. Este hechizo debe llevarse a cabo durante la fase creciente de la luna.

Al encender las velas blancas, repite las siguientes palabras:

"Invoco a la diosa de la luna para que encienda su corazón con respecto a mí y que aparezca hermoso ante sus ojos".

Al colocar las hojas de menta en el agua, pide lo siguiente:

"Haz que sus ojos se dirijan hacia mí y llena de alegría a aquel o aquella".

Coloca el tazón de agua a la luz de la luna durante aproximadamente una hora. Después vacía el agua y saca los pétalos de flor y las hojas de salvia, y átalos en una tela blanca para llevarlos contigo la próxima vez que estés con la persona objeto de tu afecto. Cárgalos hasta el día de luna llena. Si la persona no ha expresado ningún interés durante el siguiente ciclo lunar completo, repite lo mismo para el próximo ciclo.

Energía amorosa para puertas que dan al noreste

MATERIAL:
Vela rosa
Incienso de rosa

Si la puerta principal de tu hogar da al noreste, podrías colocar un objeto con agua en esa sección para activar la energía chi positiva. También puedes encender una vela rosa y, viendo hacia el norte, quemar un incienso de rosa. Mientras veas la flama, repite:

"Yo limpio, bendigo y atraigo el amor a mi casa. Aclamo al viento del norte, pido amor y te presento esta ofrenda de luz a ti".

Da las gracias a los cuatro elementos –aire, agua, tierra y fuego– y apaga la vela.

De romance

MATERIAL:
Dos velas rosas
Aceite de rosa
Cristal de jade

Conduce este ritual en la fase creciente de la luna, encendiendo dos velas rosas y untándolas con aceite de rosa.

Mientras observas la flama, sostén un cristal de jade y repite:

"Quiero disfrutar de la belleza, el amor y el flujo de suavidad y deleite en mi corazón, así como crear energía positiva de amor en mí mismo (a) y mi compañera (o)".

También puedes cincelar un cristal de jade en forma de mariposa y dárselo a tu compañero (a).

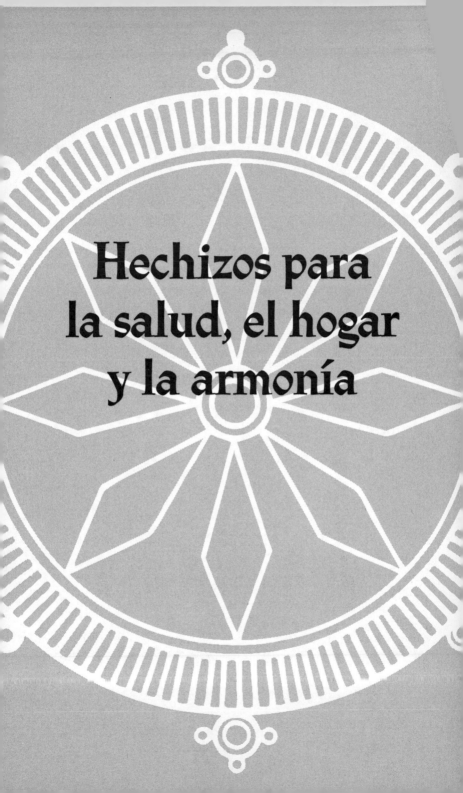

Hechizos para la salud, el hogar y la armonía

Magia para la renovación

MATERIAL:
Un plato de barro
Algo de tierra fresca del jardín
Una vela verde oscuro
Una vela blanca
Algunas conchas de mar
Algunas piedras

Coloca las piedras y las conchas alrededor del plato de barro y enciende las velas en el mismo. Después llena el plato con tierra.

Observa la vela encendida y repite:

"Pido un cuerpo saludable y una mente sana, mientras me muevo hacia delante con concentración y dirección y afirmo que cada momento es un nuevo inicio".

Puedes repetir este hechizo una vez a la semana hasta que sientas confianza.

Desecha tus preocupaciones

MATERIAL:
Vela negra

Enciende una vela negra y siéntate ante ella, y medita cada vez que te sientas estresado. Simplemente derrama todas tus emociones negativas cuando medites frente a la vela negra, pidiéndole que te proteja y te bendiga. Pronto sentirás la diferencia.

Dieta y curación

MATERIAL:
  Lima verde fresca
  Una vela roja

Este hechizo mejora tus hábitos alimenticios.
Invoca los poderes de la lima para la
restauración de tu propia salud o la de otra
persona.

Sostén la lima en tu mano, enciende una vela
roja y pronuncia:

"¡Oh, espíritu sanador del sol,
enciendo esta flama para honrar tu presencia
y te pido que escuches mis plegarias!
¡Oh, poderes de la lima, la salud es mía,
limpia el cuerpo, limpia la mente
y mejora mis hábitos alimenticios!
¡Oh, espíritu puro, lléname (o el nombre de la
    persona) con salud, con salud, con salud!"

Eliminar los miedos

Si no quieres sentirte turbado por miedos irracionales, puedes intentar estos rituales y aprender a relajarte en forma natural. Visualiza y calma los nervios crispados, haciendo un viaje imaginario hacia un lugar ideal. O practica un diálogo interior positivo, pues desarrollarás un punto de vista más optimista sobre situaciones y, por tanto, disminuirás los niveles de estrés al pronunciar las siguientes palabras:

"Tengo el valor y la determinación de trabajar a través de todos los miedos, y mi mente está relajada y abierta para conectarse con mi Guía Superior".

Déjala brillar

MATERIAL:
Vela blanca/crema

Siéntate en un lugar tranquilo que sea especial para ti. Sostén una vela blanca o color crema en tus manos y visualiza el área de tu vida donde se necesite la energía de esta vela. Entonces, enciéndela, e imagina que la energía viene hacia ti. Puede llegar inmediatamente o cuando menos lo esperes. Repite este hechizo cuantas veces quieras.

Presume una apariencia feliz

MATERIAL:
Cristal de cuarzo

Si tienes una pieza de cuarzo, primero lávala en agua caliente y jabonosa y enjuágala bajo el chorro de agua. Después, sostén el cristal en ambas manos. Cierra tus ojos e imagina que una luz blanca te baña. Visualiza el área de tu enfermedad y apunta el cristal a ese punto. Imagina una corriente de luz que fluye del cristal y baña el área con sus rayos puros. Coloca el cristal bajo tu almohada mientras duermes.

Corta tus calorías

MATERIAL:
Un espejo

En noche de luna llena, toma un espejo y sal de la casa. Si no puedes, entonces abre una ventana y asegúrate de que la luna se refleje en el espejo.

Conforme veas el reflejo de la luna en el espejo, repite lo siguiente:

"Luz de la noche, veo tu reflejo y busco ayuda a través de tus rayos de luna. Te pido que vengas y me bendigas, y que moldees mi cuerpo como a las rosas se les otorga la belleza. Déjame crecer bajo tu guía y tu luz. Deseo comer sólo aquello que me es debido".

Luces brillantes de jardín para atraer energía chi positiva

Existen algunas formas seguras para llenar de energía tu casa. Ilumina tus jardines con luces brillantes en la noche, para atraer energía chi positiva a tu hogar. Esto no sólo te ayudará a mantener las llamas del amor vivas entre esposo y esposa, sino que, de manera más emocionante, puede mejorar todos los prospectos de matrimonio para los solteros casaderos del hogar. Se cree que la luz representa el chi yang, pues ayuda a que surja la energía del interior de la tierra. También puedes tener un grupo de tres faros en algún lugar de tu jardín. Esto también es promisorio.

Bienestar en la familia

MATERIAL:
Vela de color azul tenue

Si necesitas mejorar tu suerte y energías positivas, aquí tienes cómo utilizar una vela de color azul tenue para protegerte a ti y a tu familia de influencias negativas y promover la armonía en las relaciones.

Al amanecer, coloca una vela de color azul tenue en tu mesa sagrada y, al prenderla, llena de energía tu plegaria para un nuevo comienzo repitiendo esta afirmación cada día:

"Te pido, querido padre, que mis afirmaciones trabajen a tu servicio y siempre para amarte y respetarte".

Antes de abandonar el cuarto, apaga la vela y no olvides continuar haciendo lo mismo cada mañana durante siete días consecutivos. ¡Pronto descubrirás cómo el brillo cálido de estas plegarias encenderá tu vida!

Sanar a una persona de las energías negativas

MATERIAL:
   Vela blanca (para protección)
   Vela verde
   Foto de la persona que necesita curación

Coloca la foto de la persona afectada entre la vela blanca y la vela verde. Mientras enciendes la vela, visualiza a la persona en tu mente y envíale energía curativa repitiendo tres veces lo siguiente:

"Acudo a la luz de energías superiores para que me asistan en mi proceso de curación. Amén".

Deja que las velas ardan durante una hora.

Tantito de esto (protección y seguridad)

MATERIAL:
   Una vela blanca y sal

Coloca la vela en medio del cuarto. Espolvorea la sal en un círculo alrededor de la vcla.
   Enciende y pronuncia:

"Energías superiores, denme un sentido de
   protección y seguridad.
Estoy rodeado y protegido por la luz.
La belleza y la flexibilidad de mis vibraciones
son tales que pueden programarme para resonar
y elevar la energía ya presente en esta casa".

   Deja que la vela arda durante al menos una hora.

En armonía con el universo

MATERIAL:
Una vela blanca
Sal

Coloca la vela en medio de la habitación. Espolvorea la sal en un círculo alrededor de la vela. Enciéndela y repite:

"Estoy emocionalmente seguro y protegido y quiero estar en armonía con la energía universal".

Deja que arda al menos una hora.

Máximo atractivo

MATERIAL:
Una vela rosa
Piedra de luna

Este hechizo puede hacerlo todo aquel que quiera tener un cabello fabuloso y bien nutrido. Enciende una vela rosa, sostén una piedra de luna en tu mano y, mientras observas la flama, repite las siguientes palabras:

"Haz que mi cabello sea grueso y largo.
Oh diosa, ofrezco esta piedra de luna en tu honor
y pido que la imbuyas de tu poder
para que este deseo se haga realidad. Amén".

Por la buena salud

MATERIAL:
Vela verde
Vela roja

Para mantener la buena salud, todo lo que tienes que hacer es comprar velas verdes que significan salud y fertilidad, así como velas rojas para el vigor y la vitalidad. Coloca las velas roja y verde una junto a la otra y enciéndelas. Esto debe hacerse sólo en viernes, durante la fase menguante de la luna. Dirige tus plegarias al dios y a la diosa. Pídeles que te bendigan con buena salud. Este hechizo te llenará de energía positiva, eliminará el estrés y hará que te sientas renovado. Apaga las velas y agradece al Todopoderoso por su presencia.

No aumentes de peso

Este es un hechizo tradicional que te ayudará a reducir peso, si lo sigues al pie de la letra.

MATERIAL:
  Una vela amarilla
  Aceite de lavanda
  Pequeños granates, cornalinas o turquesas
  Un pequeño frasco con una tapa o una bolsa de plástico que selle
  Pétalos de rosa

Llena de energía la vela amarilla, visualizando tu objetivo deseado mientras te concentras en la vela. Colócala en el candelero. Al prender la vela, visualízate sirviendo pequeñas porciones de alimento en tu plato y luciendo sano y en forma.

Llena de energía los pétalos de rosa, el aceite y las piedras. Esparce los pétalos alrededor de la vela y nuevamente visualiza tu objetivo.

Coloca los granates recargados y unas cuantas gotas de aceite en el frasco o bolsa. Un pequeño frasco de comida de bebé puede funcionar bien. Mientras hagas esto, repite la visualización. Después, coge los pétalos y colócalos en el frasco o la bolsa. Séllalos diciendo:

"Este frasco de aceite, pétalos y piedras llenos de poder me darán el valor y me ayudarán a lograr mi objetivo para no comer tanto y tener más salud".

Visualízate con más salud y moviendo el indicador en la báscula hacia la izquierda. Lleva este frasco o bolsa contigo y huele los artículos cargados antes de comer.

Con la cornalina o la turquesa frota tu foto y después tu cuerpo, mientras visualizas tu imagen como la de la foto. Carga la piedra contigo y frótala cuando tengas el impulso de comer un tentempié o cuando seas víctima de la gula. Cuelga la foto en tu cocina para que la observes constantemente. Deja que la vela arda durante otra hora, después apágala y guárdala. Enciéndela cuando necesites apoyo moral.

Protege tu hogar

Para proteger tu hogar, podrías decir estas palabras cuando cierres la puerta de tu casa. También puedes evitar que alguna persona en específico entre a tu hogar. Sólo recita las siguientes líneas mientras cierras la puerta. Si tienes un pasador, también debes usarlo al pronunciar el siguiente pasaje:

"Protege este umbral,
protege esta puerta,
para que (el nombre de la persona),
no pueda pasar más."

Cuatro esquinas

MATERIAL:
- Agua
- Azafrán
- Tres varitas de incienso
- Siete tipos de flores promisorias
- Tres adornos de oro y plata

Para un excelente ritual que lleve armonía a tu casa, llena una jarra de agua, mezcla un poco de azafrán en la misma y, una vez que se vuelva amarilla, rocíala en la parte noreste de tu hogar. Nuevamente, para la parte suroeste de tu casa, enciende tres varitas de incienso, lo que llenará esta área con la buena energía de la tierra. Para la sección sureste, arranca siete tipos de flores promisorias de cualquier color y esparce pétalos de flor para simbolizar el poder de la riqueza y la prosperidad. Y para la sección noroeste de tu hogar, coloca tres adornos de oro y plata en un plato. El simbolismo del metal mejorará la energía chi en esta zona.

Purificación

MATERIAL:
  Agua
  Sal

Si sientes que en tu casa hay algo que estorba, o que alguien está pensando negativamente acerca de ti o enviándote mala vibra, prueba esto. Mezcla sal y agua y bendice la mezcla.

Recorre tu casa, rociando el agua salada, y recita en voz alta:

"Purifico y limpio este cuarto de toda vibración y energía negativas para el bien de todos. Invoco a los dioses para que bendigan esta casa, y así todos los que entren también sean bendecidos".

Elimina esa lonjita

MATERIAL:
Una vela roja

Cuando quieras controlar tu dieta y reducir calorías, aquí hay un hechizo sencillo que puede ayudarte.

Necesitas encender una vela roja durante la fase menguante de la luna y decir lo siguiente:

"Yo tengo el control de mi cuerpo y a través de la ayuda de mis poderes superiores, comeré lo que sea necesario para satisfacer mi hambre. Fácilmente puedo volver sano y atractivo mi cuerpo, lleno de energía amorosa".

Apaga la vela y repite el mismo ritual hasta que te sientas seguro(a) de ti mismo(a).

Todos somos uno

MATERIAL:
  Cortezas de cualquier árbol
  Velas rojas
  Velas amarillas
  Semillas de girasol

La armonía doméstica es muy importante en la vida moderna. Necesitamos la paz del hogar, nuestro refugio, para permanecer sanos y para poder socializar con facilidad, así que esta es la manera de lanzar el hechizo. Construye un altar en el rincón suroeste de tu sala. Coloca unas cortezas de madera del árbol de tu elección. Mantén pequeñas velas rojas y amarillas ahí y enciéndelas a diario durante aproximadamente una hora. También puedes espolvorear algunas semillas de girasol alrededor de las velas antes de encenderlas. Esto mejorará la disposición feliz entre los miembros de la familia y construirá un buen círculo social.

Para tener éxito

MATERIAL:
Vela naranja para el éxito
Vela verde para la suerte
Aceite de lavanda
Carta de la Muerte del tarot, que representa
   cambio/transición

El momento ideal para realizar este hechizo es
durante la fase creciente de la luna. Toma una
gota del aceite de lavanda y aplícalo a la vela,
empezando por la parte de en medio hacia la
parte superior y después nuevamente hacia la
parte media. Una vez más, aplica el mismo
aceite empezando por la parte de en medio de la
vela hacia abajo, y de regreso. Primero unta el
aceite a la vela naranja, después sigue el mismo
procedimiento con la vela verde. Cuando acabes,
pon las velas una al lado de la otra.

En medio de las dos velas, coloca la carta de la
Muerte y repite lo siguiente:

"Por favor, dame la fuerza para cambiar,
permite que atraiga suerte cuando la necesite,
dame el éxito que estoy buscando,
haz que pueda hacer esto sin perderme,
         déjame permanecer fiel a quien soy".

Ahora enciende ambas velas. Deja que se consuman completamente. Toma la carta de la Muerte y colócala en tu bolsillo o bolsa, y cárgala hasta que sientas la certeza de haber logrado lo que deseabas.

Eliminar los miedos no deseados

MATERIAL:
  Pirámide o esfera de amatista

Para este ritual, todo lo que necesitas es una pirámide o esfera de amatista. Conforme sostengas esta piedra preciosa en tu mano, expulsa los miedos no deseados de tu mente subconsciente. Puedes llamar a tus ángeles de la guarda o sólo rezar a san Miguel Arcángel imaginando un círculo de brillante luz púrpura que rodea todo tu cuerpo. Visualiza esta luz repeliendo todas las energías inferiores –como el miedo– de tu mente y atrayendo las energías amorosas hacia ti.

Liberarte de preocupaciones

MATERIAL:
Cristales de malaquita
Cristales de esmeralda
Agua marina

Para este hechizo, requieres los cristales curativos dc la malaquita y la esmeralda. Remoja los cristales en una taza de agua marina durante la noche. En la mañana, tira el agua y sostén los cristales en tu mano bajo el chorro del agua. Los cristales están listos para enviar tus afirmaciones al universo. A continuación, cierra tus ojos, sostén los cristales en la palma de tu mano y haz una inhalación profunda y purificadora. Después invoca mentalmente a tus ángeles de la guarda para eliminar tus preocupaciones. Trata de imaginar que te curas con el aura verde esmeralda que sostienes en la palma de tu mano.

Puedes hacer esto dos veces al día mientras gradualmente te alineas con la energía universal y permites que la energía cósmica se lleve tus preocupaciones y tus cargas.

Restaurar tu ritmo corporal

MATERIAL:
   Cristal de amatista
   Una vela blanca y una vela color púrpura
   Incienso de rosa

Para este hechizo, puedes practicar métodos de relajación como yoga, respiración profunda y meditación. A continuación, mientras te sientas para comenzar tus oraciones, sostén el cristal de amatista en la palma de tu mano, enciende las velas blanca y púrpura junto con el incienso de rosa y visualiza tu vida en la forma más bella que puedas imaginar. Manifiesta tus sueños enviando tus pensamientos positivos al universo.

Puedes decir la afirmación:

"Soy el océano maestro de paz, soy el océano maestro de amor, trae a mí victoria y éxito".

Llena de energía los sectores terrenales de tu hogar

MATERIAL:
- Una vela azul
- Una vela blanca
- Incienso de olíbano o copal
- Un símbolo mágico: una estrella o cualquier piedra preciosa (de preferencia amatista)

Realiza este hechizo para llenar de energía los rincones terrenales de tu hogar. Enciende las velas junto con el incienso en el rincón suroeste de tu casa, durante los días en que la luna esté en su fase creciente.

Al contemplar la flama, repite lo siguiente:

"Madre Tierra, tú unes las cosas y simbolizas el cuerpo físico y todo lo bueno de la vida. Llénanos de energía, nútrenos y protégenos a todos, así como al rincón terreno de mi hogar, para que tengamos estabilidad, cohesión y el poder de manifestar en el mundo material todo lo que nos es debido. Bendícenos en nuestros negocios y cuestiones profesionales, y donde nuestra fuerza, resistencia y paciencia sean requeridas. Amén".

Para mejorar la comunicación

MATERIAL:

  Serpentinas de colores
  Una vela amarilla
  Una pluma fuente (pluma de ganso)
  Un frasco de tinta roja
  Incienso de lavanda

Este hechizo está especialmente diseñado para ayudar a tener una mejor comunicación entre personas que quizá se sientan atraídas.

Empieza tu ritual durante la fase creciente de la luna y en miércoles, dedicado a Mercurio, dios de la comunicación. Con una pluma de ganso mojada en tinta roja escribe tu nombre en un lado de la serpentina, y el de tus compañeros en el otro lado. Repite lo mismo en por lo menos seis serpentinas de colores. Átalas como una cadena. Escribe palabras en ellas como hablar, decir, escuchar, dar, recibir, ver, confiar, etcétera (herramientas para la comunicación eficaz).

Conforme enciendas la vela, repite las siguientes palabras:

"Quiero crecer a través de la comunicación efectiva con aquellos que me agradan".

Haz una cadena con las serpentinas y cuélgala en tu cuarto.

Hechizos para las finanzas y la buena fortuna

Elimina los obstáculos en el trabajo

MATERIAL:
Algunas hojas de albahaca
Una vela negra
Una cucharadita de aceite de ajonjolí
Un poco de pasto seco
Un plato de barro

Si has intentado con ahínco obtener un ascenso, pero te has sentido frustrado recientemente, es bueno probar este hechizo y ver qué oportunidades saltan en tu camino.

Este hechizo debes hacerlo durante la fase menguante de la luna. Prepara tu altar colocando la vela negra en el centro del plato de barro. Esparce algo del pasto seco alrededor de la vela. Agrega una gota de aceite de ajonjolí y mézclalo con el pasto seco. Antes de encender la vela negra, quema algunas hojas de albahaca para eliminar las vibraciones negativas.

Mientras observas la llama de la vela, repite lo siguiente:

"Por este medio deseo que toda la negatividad y los obstáculos sean eliminados de mi camino laboral. Que los estorbos de cualquier tipo se alejen de mi camino. ¡Oh, poderosa vela, elimina toda obstrucción y déjame ver mi sendero!".

Repite esto tres veces ante la vela negra y visualiza que todos los obstáculos se apartan.

Hechizo de la prosperidad

MATERIAL:
Velas blancas

Para activar tu suerte y obtener prosperidad, reúne suavemente tus pensamientos. Inhala y exhala en forma lenta, y cuando te sientas sereno, escribe exactamente lo que quieres en términos de prosperidad en tu vida. ¿Deseas encontrar un esposo con el cual compartir tu vida, una esposa para comenzar una familia, alguien que te ame? Piensa lo que deseas con mucho cuidado y después escríbelo con claridad. Trata de ser breve, pero tan preciso como puedas. Ahora coloca el papel frente a una vela blanca, y haz una oración al universo para que conceda tus deseos.

Venta exitosa

MATERIAL:
Flores amarillas
Vela amarilla
Fotografía del artículo que quieres vender

Cuando tengas algo que vender, sin importar si es algo realmente grande como un carro o una casa, quizá puedas probar este hechizo y observar el éxito.

Compra algunas flores amarillas y enciende una vela amarilla para empezar. Coloca una fotografía del artículo que quieres vender frente a la vela amarilla y distribuye algunas flores amarillas a su alrededor.

Mientras observas la flama de la vela, di las siguientes palabras:

"Quisiera dejar ir este artículo, para que algo nuevo lo reemplace. Que suceda y que pueda recibir dinero a cambio. Esto es por el bien mayor de todos los involucrados".

Incrementa tus llamadas de negocios

MATERIAL:

Hoja de pergamino o papel para escribir (de buena calidad)

Toma una hoja de pergamino o papel fino y escribe el nombre de la persona que quieres que te llame para concretar un negocio. Para lograr tu objetivo, escríbelo dos veces de modo que formen un círculo y los extremos se toquen. Al hacer esto, concéntrate en el rostro de la persona y en tu deseo de que el negocio venga a ti.

Protección en los negocios

MATERIAL:
Platón de dulces, hierbas o piedras

Para bendecir tu hogar o negocio, coloca un platón de dulces, hierbas o piedras en la entrada. Bendice los contenidos del platón repitiendo en voz alta el siguiente verso:

"Como todos los que entran aquí son hijos de la
    Madre Divina,
que todos los que pasen siempre caminen con
    seguridad en sus pasos,
que puedan sentir la guía de su mano,
y saber que siempre está con nosotros,
desde el momento en que nos conozcamos hasta
    volvernos a encontrar".

Invita a los visitantes a que tomen una ofrenda al entrar.

Premio mayor

MATERIAL:
Trébol de cuatro hojas
Algunos billetes de alta denominación y monedas
Incienso de canela
Una piedra de peridotita
Vela verde

La siguiente vez que compres un billete de lotería, ¡puedes incrementar las probabilidades de ganar el premio mayor! Así que manos a la obra.

Después de comprar el billete, colócalo en una mesa junto con un trébol de cuatro hojas, algunos billetes y monedas. También puedes quemar incienso de canela y colocar una piedra de peridotita en tu mesa. Enciende la vela verde, y visualiza que el dinero viene a ti. Mientras ves la flama fijamente, también canta las siguientes palabras:

"Rico seré, dinero y poder vendrán a mí".

Apaga la vela y repite lo mismo durante tres días.

Atrae oportunidades

MATERIAL:
   Cristal de ámbar

Sostén un ámbar en tu mano mientras envías afirmaciones al universo:

   "Espero tener más oportunidades en el futuro, y así prepararme para el cambio a través de un ajuste gradual, con un sentido de seguridad y confianza. Ayúdame a atraer incontables oportunidades con mis oraciones. Amén".

Armonía en el lugar de trabajo

MATERIAL:
- Pétalos de rosa
- Aceite de lavanda
- Aceite de rosa
- Aceite de sándalo
- Talco
- Vela azul
- Olla de barro
- Hojas de albahaca
- Pasto seco

Cuando la atmósfera de tu oficina se ponga estresante, aquí hay un hechizo sencillo que puedes probar para llenar de paz la atmósfera. Toma pétalos de rosa y mezcla dos gotas de aceite de lavanda, de rosa y de sándalo, y un puñado de talco. Mezcla esto en un recipiente, hasta que los pétalos queden completamente triturados y mezclados. Coloca el talco en un sobrecito y tenlo listo para tu hechizo.

A continuación, enciende una vela azul en una olla de barro y agrégale hojas de albahaca y pasto seco, y enciende esto último utilizando un encendedor.

Mientras ves las flamas de la vela y la olla de barro, esparce el polvo de pétalos de rosa triturados y pronuncia lo siguiente:

"Rezo por la armonía y la paz en mi lugar de trabajo, sin daño para nadie, así sea".

Buscador de fortuna

MATERIAL:
  Naranjas

Es buena idea hacer un generoso despliegue de naranjas en el hogar durante festividades, celebraciones de Año Nuevo e incluso durante una boda. Se considera que las naranjas son una fruta que significa oro, y esto, a su vez, "buena fortuna". Así que aquí hay una forma nueva y sencilla de activar tu fortuna. Al echar las naranjas jugosas al río, cierra tus ojos y pide un deseo, y deja que las aguas se lleven las naranjas a lo desconocido, mientras visualizas que toda la felicidad del mundo viene hacia ti. Puedes repetir esta práctica durante unos cuantos días.

Hechizos diversos

Volver a empezar

MATERIAL:
  Siete velas azules

Para realizar el siguiente hechizo de los deseos, necesitarás siete velas azules. Escribe tu deseo en cada una de las siete velas, enciéndelas y di:

"Querida diosa, al encender la vela concede que todos mis deseos se hagan realidad, pues estoy abierto a todas las más grandes posibilidades".

Puedes repetir esto siete veces, y después apagar las velas. Este hechizo puedes realizarlo cada vez que desees algo.

Deseo de cumpleaños

MATERIAL:
  Papel
  Pluma
  Planta que dé flores

En tu cumpleaños, escribe tu deseo en un pedazo de papel y colócalo debajo de una planta que floree, o bien siembra una semilla y pon tu deseo ahí. Crecerá y se manifestará.

Protección contra el enemigo

Si te sientes intranquilo, nervioso o amenazado, intenta repetir esta plegaria en silencio, para ti mismo:

"Tengo el valor y la determinación para superar mis miedos, y para ser quien realmente soy".

Confianza en ti mismo

Una concha que actúe como amuleto de la suerte
Vela amarilla

Este hechizo debe hacerse durante la fase creciente de la luna, de preferencia en viernes.

Cuando enciendas la vela, sostenla en tu mano derecha y repite:

"Por favor dame la confianza para hacer lo mejor, pues al haber fallado una vez, lo haré mejor ahora".

Pasa la concha a través de la flama de la vela y pronuncia:

"Este será un amuleto de la suerte para mí,
lo llevaré conmigo,
mis deseos se harán realidad,
y me ayudará en cualquier cosa que me
    disponga a hacer".

Pide ayuda

MATERIAL:
Vela amarilla

Puedes utilizar este hechizo para obtener un ascenso en el trabajo, un aumento de sueldo, o simplemente para que tus amigos se fijen más en ti.

Para buscar ayuda, enciende una vela amarilla y, al ver la flama, medita; de la siguiente manera, pídele al universo que responda tus deseos:

"Busco la verdad al entender mis experiencias. Conforme pido este favor, dame poder y ayúdame a brillar en lo que haga, y a recibir retribuciones dignas por mis esfuerzos".

Apaga la vela y agradece al universo.

Magia de árbol

MATERIAL:
    Amatista
    Roble

Mediante este hechizo, descubrirás las propiedades mágicas de los árboles. Puedes realizarlo cuando estés dejando algo atrás y empezando algo nuevo. Esto puede ser cualquier cosa, desde el inicio de la época de exámenes, un nuevo trabajo o una mudanza. Acércate a un árbol, especialmente un roble, y cuéntale tus intenciones. Coloca una pequeña amatista en su base como una ofrenda.

Caminando alrededor del árbol, repite lo siguiente:

"Te pido, querido roble, que escuches mi llamado, ilumines mi camino, guíes mis acciones, palabras y pensamientos y los de todos aquellos a los que todavía no conozco, que por el poder de tu fuerza, serán afortunados en mi presencia".

A continuación, visualízate rodeado por los brazos del gran roble. Ahora toma la amatista, colócala en una bolsa y di las palabras:

"Corazón de roble, tú eres mi honorable corazón, te llevaré a mi lado. Gracias".

Lleva la piedra contigo cada vez que se abran nuevas oportunidades.

Visión clara

MATERIAL:
    Una vela blanca
    Aceite de lavanda

El camino de la vida jamás es recto. Con tantas opciones a la mano, muchas veces es difícil tomar una decisión. Si no puedes ver el camino hacia delante, invoca a la diosa para que te conceda claridad.

Encuentra un lugar cómodo para sentarte y realizar el ritual. Enciende una vela blanca y unta un poco de aceite de lavanda en ella.

Tras observar fijamente la flama, cierra tus ojos e invoca al buen espíritu de la naturaleza diciendo:

"Te invoco, Madre Naturaleza y diosa. Acude prontamente, y asísteme en las decisiones de mi vida. Por favor, préstame tu poder, para que pueda ver con claridad el camino que yace ante mí".

Repite esto cada vez que te encuentres en una crisis o en una encrucijada, para tomar decisiones.

Encuentra lo perdido

MATERIAL:
  Una vela azul

Durante la luna menguante, enciende una vela azul y concéntrate en tu necesidad de encontrar lo que se ha perdido; pronuncia lo siguiente:

"Deseo encontrar lo que he perdido,
condúceme al camino que busco,
revela una clave y muéstrame el sendero".

Apaga la vela y da gracias al universo por ayudarte en tu búsqueda.

Para verte guapísimo (a)

MATERIAL:
Algunas rosas de color rosa
Rosas rojas
Serpentinas
Sombrero de paja
Velas rojas y rosas
Una varita de incienso de rosa

Corta las serpentinas de colores y decora el sombrero de paja con ellas. Coloca los pétalos alrededor del sombrero. Ahora, pon el sombrero decorado en tu altar y enciende las velas rojas y rosas junto con una varita de incienso de rosa.

Observa el sombrero de paja de colores brillantes, que representa belleza, y repite las siguientes palabras:

"Sombrero de paja hermoso y decorado, mi deseo es verme guapo y encantador, y quiero reflejarme en tu gloria".

Observa la flama y permite que la vela se consuma por completo.

"Llévate el pesar lejos de mí"

MATERIAL:
   Un cristal de cuarzo ahumado
   Tres cucharadas de sal marina

Para este hechizo, todo lo que necesitas es un cristal ahumado de cuarzo y tres cucharadas de sal marina. Lava la piedra en agua agregándole la sal marina. Empieza sosteniendo la piedra en tu mano al tiempo de visualizar que el pesar se aleja de tu mente.

Mientras imaginas esto, repite las siguientes líneas:

"Mi propósito es desarraigar el pesar que siento en mi mente y convertirme en una persona feliz, audaz y dinámica. Percibo la importancia de empezar de cero y quiero intentar nuevas formas de pensamiento. Ahora estoy libre del pesar y me expando más allá de las limitaciones percibidas del pasado".

Para la fortuna en la amistad

MATERIAL:
Papel
Manzana
Cera de vela color rosa

Si quieres tener fortuna y alegría en tu grupo de amigos, aquí está lo que te ayudará a lograrlo. Escribe en un pedazo de papel tu deseo de adquirir nuevos amigos en el futuro y coloca el papel entre las mitades de una manzana previamente cortada. Séllala con cera de vela rosa y entiérrala en algún lugar cerca de la casa. Si las semillas de la manzana germinan, atiéndelas con cuidado, pues representan nuevas amistades y éxito en relaciones ya existentes.

Autocontrol

MATERIAL:
   Calcita (cristal)
   Agua salada

Hacer magia tiene que ver, en realidad, con tu fuerza de voluntad y tu concentración para lograr cualquier cosa que desees. Todo lo que tienes que hacer es sostener un cristal de calcita en tu mano después de lavarlo con agua de sal y decir las siguientes líneas cuando sientas la necesidad de controlar tu mente en ciertas circunstancias adversas.

"Libero toda la tensión y me siento tranquilo y relajado, en control total de mi situación. Siento la serenidad de tener el control de mí mismo y mis experiencias. No seguiré ninguna propuesta extremadamente volátil en aspecto alguno de mi vida".

Puedes repetir este proceso cuando tengas la necesidad de tranquilizarte y retomar el control de ti mismo.

La actitud correcta

Una vela blanca

Cuando necesites tener la actitud correcta,
enciende una vela blanca y, al observar la flama,
repite esto en tu mente tres veces.

"Vela de protección, vela de poder,
abre mi mente como una flor creciente
y llena de poder mi visión con la actitud
   correcta,
abre las puertas, para que pueda andar
y fortalecer mi aura de modo positivo".

Incrementa tu energía yang

MATERIAL:
  Luz roja
  Vela roja
  Vela amarilla

El yang del sol incrementa la energía en tu casa, ofreciendo mejoras en todos los aspectos de la vida. Coloca luces rojas en el rincón suroeste de cualquier habitación. Junto con esto, también puedes encender una vela roja y una vela amarilla para incrementar la energía yang en ese rincón.

Elimina la negatividad con el yin lunar

MATERIAL:
   Cristales

La mejor forma de atraer la energía yin de la luna a tu hogar es comprando cristales y colocándolos bajo la luz de la luna llena. Esto garantiza que queden bañados y cargados con el yin lunar. Después, colócalos en todos los rincones de tu casa. Al colocar estos cristales altamente cargados de yin lunar, cualquier energía negativa persistente, como enojo causado por desacuerdos domésticos, visitantes de mente negativa y rabietas ocasionales se eliminarán de la casa. Pronto descubrirás que el círculo social de tu familia es positivo y gratificante.

Aleja la melancolía

Cuando te sientas estancado, sal y compra una planta de interiores. Puedes hacer esto cuando percibas que estás rodeado de energía viciada. La mayoría de la gente fácilmente puede atrapar este tipo de vibración: emocionalmente puedes sentirte estancado, aburrido, frustrado o desanimado. Esta energía estancada también se manifiesta con frecuencia en el plano físico: el teléfono nunca suena, tus seres queridos y mascotas parecen irritables, y las cuentas llegan mucho antes de que tengas el dinero para pagarlas.

Cuando te sientas estancado en un patrón crónico, con frecuencia significa que tu personalidad de alguna manera se ha desconectado temporalmente de tu ser superior. El arreglo tradicional y rápido para reconectarte con tu ser superior consistiría en pasar un poco de tiempo en la naturaleza. En mi opinión, media hora en la naturaleza junto a un riachuelo o alberca puede hacer mucho por tu cuerpo o alma. Sin embargo, una vez que regreses a casa quizá sientas un descenso emocional y espiritual por las vibraciones nebulosas y opresivas que flotan en tu entorno. El remedio espiritual para esto es llevar un poco de naturaleza al interior e intentar elevar las vibraciones en tu hogar. Las plantas naturalmente tienen una conexión con los reinos superiores a los que puedes acceder sólo por tenerlas dentro de tu campo energético.

Obtén lo que quieras

MATERIAL:
Herradura de caballo
Vela roja
Pluma de ganso
Tinta negra

Toma una herradura de caballo y colócala alrededor de una vela roja. Pon la vela en un cuarto oscuro en medio de una mesa. Escribe lo que deseas en un pedazo de papel con una pluma de ganso mojada en tinta negra. Entona lo siguiente mientras escribes:

"Lo que quiero lo escribo aquí,
por favor toma mi sueño y acércalo a mí,
lo que quiero es lo que tendré.
Que todos mis sueños
ahora se cumplan".

A continuación, toma el papel y dóblalo en un cuadro de cuatro pliegues. Sostenlo sobre la vela con unas pinzas y deja que se queme. Imagina que tu deseo se cumple mientras quemas el papel. Envía ondas de amor a la imagen que de ti mismo conjuras. Sólo hay una cuestión para este hechizo... ¡ten cuidado con lo que pidas!

Llama al Año Nuevo

MATERIAL:
  Amatista
  Cuarzo (puntas de cristal)
  Sal de mar
  Vela
  Candelero
  Cerillos
  Bolsa

Consigue una amatista y un cuarzo y hierve tres tazas de agua. Agrega una cucharadita de sal de mar. Cuando el agua se enfríe, viértela sobre la piedra de amatista y las puntas de cristal. Deja que la piedra y las puntas de cristal se sequen bajo el sol. Si no las puedes poner afuera, puedes colocarlas en una ventana donde el sol brille sobre ellas. Para darle un poco más de fuerza al ritual, limpia tu casa antes de realizarlo. Al hacer la limpieza, piensa que estás "barriendo la vieja negatividad". Báñate con tu jabón favorito. Vístete con colores oscuros. Coloca la amatista, el cuarzo, la sal de mar, la vela y el candelero, los cerillos y la bolsa en una canasta o bolsa y cárgalas en tu mano derecha hasta el cuarto en donde pasas la mayor parte del tiempo en tu casa. Puede ser la sala, el estudio, la cocina, tu cuarto o cualquier otra habitación que uses seguido. Saca las cosas de la canasta con tu mano izquierda y colócalas sobre una mesa.

Conforme enciendas la vela, repite:

"Enciendo el fuego que quema lo viejo".

Toma una pizca de sal de mar en tu mano derecha, aviéntala sobre tu hombro izquierdo y repite:

"Con esta sal elimino la negatividad".

Toma la amatista con tu mano izquierda y repite:

"Abundancia, fluye hacia mí".

Coloca la amatista donde la puedas ver con frecuencia. Toma ambas puntas de cristal de cuarzo en tu mano izquierda y pronuncia:

"Albergo abundancia,
albergo salud,
albergo amor,
albergo felicidad".

Coloca una punta de cristal de cuarzo en el rincón de la habitación que da al sur y coloca la otra punta en la bolsa. Guárdalas contigo o colócalas en algún lugar seguro. Deja que la vela se consuma. ¡Ahora empieza la maravillosa vida que mereces! Esto puede repetirse cada tres meses como refuerzo.

Hechizo para el bienestar

MATERIAL:
Vela blanca

Enciende una vela blanca y mientras contemplas la flama para meditar, repite las siguientes palabras:

"Trabajo de manera más amplia con mi sistema de energía, lo que me ayuda a concentrarme en aquello que es más adecuado para mí en este momento. De manera eficaz, arraigo las energías que se transmiten desde el exterior para mi bienestar. Por tanto, integro mi conciencia espiritual estableciendo mis prioridades para actuar con base en ellas".

Gozo real

MATERIAL:
Tres velas de color naranja

Conforme prendas las velas, concéntrate en los elementos de tu vida que te provocan estrés y visualízalos diluyéndose y dejando sólo paz y felicidad en tu corazón. Repite las siguientes palabras varias veces. Menciona en voz alta todas las cosas que te hacen feliz, sin importar lo pequeñas que sean.

Las palabras por decir son:

"La felicidad y el gozo deben venir a mi vida en abundancia. Adiós al estrés y al enojo. Yo estoy feliz, soy libre y lo seguiré siendo".

Todo en una bolsa

MATERIAL:
Dos pequeños pedazos de tela roja (de igual forma y tamaño)
Hilo de lana color rojo
Una miga de pan
Una pizca de sal

Une tres de los cuatro lados de las telas con el hilo de lana. Voltea la bolsa hacia dentro. Coloca la miga de pan y la pizca de sal, y cósela.

Repite la siguiente afirmación para la buena fortuna:

"Esta bolsa la coso para mi suerte, y también para la de mi familia. Que pueda alejar los problemas y la enfermedad noche y día".

Cuelga la bolsa sobre tu cama o tu ventana, o bien mantenla en tu bolsa.

Actitud correcta

MATERIAL:
Piedra (casi cuadrada)
Una vela blanca

Muchas veces fracasamos por no tener la actitud correcta con respecto a la vida y sus circunstancias. Para encontrar los ingredientes de este hechizo, tienes que salir al jardín y coger una piedra que sea casi cuadrada. Sigue tus instintos y, si tienes una buena sensación al tomarla, úsala para tu hechizo. Escribe sobre un lado de la piedra tu deseo de tener la actitud correcta hacia todo en la vida. Enciende una vela blanca y mantén la piedra cerca de ella.

Cuando veas la flama de la vela y la piedra, pídele a la misma que conceda tu deseo:

"Afirmo el poder de mi perseverancia para que me guíe a través de todas las situaciones. Reflejo certidumbre interna, pues hablo sin juzgar y con discernimiento. Ayúdame a tener la actitud correcta hacia mí mismo y hacia los demás".

Apaga la vela y lleva la piedra en tu bolsa en todo momento. Puedes repetir este hechizo cada vez que lo requieras.

Atrae fortuna a tu vida

En día de luna llena, sal a la intemperie y contémplala directamente. Repite las siguientes palabras:

"¡Querida diosa de la luna! Dama de la fortuna,
tu poder y tu belleza son conocidos por todos.
Ven, presta atención a mis oraciones,
bendíceme y derrama tu luz sobre mí,
y bendíceme para que tenga suerte
en todo lo que me propongo hacer.
Te agradezco a ti, madre, con todo mi corazón".

Los sonidos del silencio

Una vela azul
Una vela blanca
Una vela amarilla
Incienso de canela

Cuando quieras encontrar paz interior, enciende una vela azul, una blanca y una amarilla durante la fase creciente de la luna. Al encender todas las velas, también prende un incienso de canela. Sólo medita mientras contemplas las flamas y repite las siguientes palabras:

"Por favor ayúdame a traer calma, en especial a mi mente, y a extender esta paz a lo que exprese verbalmente hacia otros. Ayúdame a detener y aquietar mi mente, y que no haya desperdicio de energía a través de la expresión impulsiva de mis pensamientos irrelevantes. Quiero recibir la guía y la calma emocional para que pueda abrirme a nuevas experiencias".

Un toque de arte

Todo lo que necesitas es primero decidir qué es lo que quieres del universo. Durante un día de luna nueva, escribe tus deseos y pega imágenes de lo que quieres de la vida en un álbum de recortes. Ten cuidado con lo que pidas, pues se manifestará. Puedes incluso tomar un pincel y pintar lo que decidas tener durante este periodo de luna nueva.

Pero antes de que decidas pintar, repite estas palabras tres veces:

"Al comenzar mi pintura, mi hechizo empezará. Conforme continúo pintando, mis deseos se harán realidad".

Cuando hayas terminado con tu trabajo de arte, pégalo en tu álbum y espera a que tus deseos se manifiesten.

Feliz viaje

MATERIAL:
  Péndulo

Este es un hechizo relativamente fácil y puede ser usado por cualquiera que quiera saber si es el momento seguro para viajar.

Sostén un péndulo en tu mano y pregúntale la dirección de tu viaje. Si el péndulo se balancea a la derecha, indica que el viaje puede llevarse a cabo de manera segura. Pero si se balancea a la izquierda, indica algún peligro inminente y que el viaje debe, por lo tanto, ser pospuesto.

Protección para tu auto

Antes de partir a un viaje largo, debes bendecir tu auto. Camina alrededor de él en el sentido de las manecillas del reloj y examina la carrocería, las ventanas, las llantas, etcétera.

Visualiza una luz blanca que envuelve al auto y repite las siguientes palabras:

"Luz celestial, protege mi auto de todo peligro, protege mis energías para que ningún daño me sobrevenga y pueda tener un viaje sano y salvo".

Un amuleto para el empleo

MATERIAL:
Pañuelo verde/tela verde
Semillas de cardamomo
Hoja de laurel
Romero

Toma un pañuelo verde, o una pieza de tela verde de aproximadamente ese tamaño, y colócalo extendido, con una de las puntas dirigida hacia ti. Pon en él tres semillas de cardamomo, una hoja de laurel y algo de romero (o una cucharadita de la hierba seca).

Estas hierbas te envuelven de confianza y atraen energía. El cardamomo endulza tu personalidad y hace aflorar tu elocuencia natural. Las hojas de laurel son símbolos de éxito y triunfo. El romero es una hierba de logro y agudeza mental. Ata todas las puntas con un pedazo de hilo, para que tengas un pequeño atado de hierbas. Antes de cada entrevista, sostén este atadito y visualiza que te diriges a la sala irradiando confianza. Imagínate en una posición en que puedes escoger de entre varios puestos a voluntad. Lleva el atado a tus entrevistas de trabajo. Y acepta que cualquier rechazo es una señal del universo de que el empleo no era el adecuado para ti.

Descanso vacacional

MATERIAL:
Agua
Vela flotante
Albahaca deshidratada

La siguiente vez que estés de vacaciones con tu familia, puedes probar un fácil hechizo que te servirá para estar en paz contigo mismo. Llena un recipiente con agua y coloca en él una vela flotante. Enciende la vela y observa la flama. Contempla un rato la flama de la vela y deja que tu mente se ponga en blanco. Siente que tu estrés se derrama en el agua y que tu cuerpo se va relajando ya sin él.

Esparce albahaca seca en el agua, y después pronuncia suavemente ante la flama de la vela:

"Me siento tranquilo, me siento en paz con el universo, así sea".

Deja que la vela se consuma. Vierte el agua en la tierra y siente que tu estrés y tu ansiedad se van con ella. Convéncete de que la tierra se ha llevado toda la tensión. Da las gracias.

Vibración positiva

MATERIAL:
Una vela bicolor, en una combinación de blanco y negro o rojo y verde
Papel de pergamino

Compra una vela bicolor. El simbolismo de los colores aleja influencias negativas y, al mismo tiempo, atrae vibraciones buenas y pacíficas. Escribe tu intención sobre un papel de pergamino y colócalo bajo la vela. Enciende la vela y deja que arda hasta que se consuma totalmente, o puedes encenderla durante una hora al día, lo que sea más conveniente para ti.

Conforme enciendas la vela, repite estas palabras:

"Que todas las malas vibraciones se alejen.
Que todas las buenas vibraciones entren.
Que entren.
¡Oh! Que mi mente sea clara.
Ningún daño a nadie sea hecho".

Desarrollar poderes psíquicos

MATERIAL:
  Piedra blanca

Si quieres desarrollar poderes psíquicos aquí hay un sencillo hechizo de piedras. Necesitas una piedra blanca, pues el blanco es regido por la luna, así que está ligado a habilidades psíquicas. Durante la noche de luna llena, recarga tu piedra blanca, con el propósito de que te ayude a desarrollar tus poderes psíquicos ocultos. Puedes hacer esto sosteniendo la piedra en tu mano, y mediante el poder de la visualización.

Puedes repetir esta práctica durante cada noche de luna llena, lo que te ayudará a incrementar tus poderes psíquicos.

Protege a aquellos que desean hacerte daño

MATERIAL:
Una vela blanca
Incienso de canela
Piedra negra de turmalina

Cuando quieras proteger a aquellos que desean hacerte daño, todo lo que necesitas es encender una vela blanca, algo de incienso de canela y una piedra negra de turmalina.

Al prender la vela y las varitas de incienso, observa las flamas y repite las siguientes palabras:

"Coloco a aquellos que desean hacerme daño ante el cuidado de Dios, y sé que todo estará bien".

Apaga la vela y da gracias al universo por cuidarte. Puedes repetir este ritual cuando sientas la necesidad de proteger a otros.

El conocimiento es poder

MATERIAL:
Conchas de mar
Cuentas
Una bolsa de seda
Algunas plumas
Unas cuantas avellanas
Esencia de vainilla

Si invocas al espíritu del águila poderosa, incrementarás tu conocimiento y poder. El avellano siempre ha sido considerado un árbol del conocimiento, y las avellanas, el alimento de los dioses. El mejor momento para realizar este hechizo sería en domingo y durante la fase creciente de la luna. Para empezar, necesitas decorar la parte exterior de tu bolsa con cuentas, conchas y plumas. Rocía unas cuantas gotas de esencia de vainilla en las avellanas y colócalas dentro de la bolsa. Jala los hilos.

Cierra tus ojos e invoca el espíritu del águila diciendo:

"Te invoco, espíritu del águila, para que me des conocimiento y valor. Por favor, préstame tu poder para que pueda ver claramente hacia delante".

Para ser un buen orador

MATERIAL:
Pedazo de carbón
Vela amarilla
Piedra citrina

Cuando quieras mejorar tus habilidades de
comunicación, enciende un pedazo de carbón y
una vela amarilla, y mantén una citrina en tu
altar, para que te ayude a sintetizar tu
entendimiento. La citrina es de continua
utilidad para la claridad mental y la
comunicación de ideas a otros, la escritura y la
resolución de problemas. El ritual debe hacerse
durante la fase creciente de la luna,
preferiblemente en lunes.

Al mirar fijamente las llamas de la vela, repite
las siguientes palabras:

"Poder de la luna, confiéreme un buen
discurso para que pueda disfrutar estos regalos
al máximo de mis habilidades. Puedo pensar y
comunicarme claramente, sintetizando la
información desde todos los niveles de mi ser".

Eliminar los malos hábitos y el miedo

MATERIAL:
Una vela negra

Enciende una vela negra y, mientras observas las llamas, repite las siguientes palabras:

"Elimina mi miedo mientras me deshago de los malos hábitos. Que no sea una señal de debilidad, pues yo lo veo como el paso inicial para desechar cualquier desequilibrio de mi campo energético. Quisiera deshacerme de cualquier hábito terco y confiar en mis habilidades para acelerar un nuevo cambio, y tener la valentía y la determinación para superar mis miedos".

Puente sobre aguas turbulentas

MATERIAL:
   Una vela blanca

Cuando necesites bendiciones en circunstancias difíciles, puedes probar y seguir este hechizo, y ver cómo funciona.

Enciende una vela blanca y medita ante ella cerrando tus ojos. Después puedes decir las siguientes palabras:

"A través de las energías universales, puedo experimentar la abundancia del amor. Quisiera incrementar mi autoestima y valor en tiempos difíciles, y dejar que la luz entre en mi ser. Protégeme, para que pueda estar en paz conmigo mismo y confiar en los mensajes que mis sentimientos me dan al momento de hablar con valentía a todo aquello que es".

Obtén un empleo

MATERIAL:
    Una piedra (en forma de óvalo)
    Una vela amarilla
    Una vela roja

Para obtener un empleo, uno debe llevar un amuleto de la suerte al ser entrevistado. Trata de conseguir una piedra pequeña y ovalada, y dibuja el símbolo de una flecha apuntando hacia arriba, al cielo. También necesitas una vela amarilla y una vela roja. Al empezar tu hechizo, enciende las dos velas en tu altar y sostén la piedra ovalada en la palma de tu mano, visualiza que obtuviste el trabajo y que empiezas a trabajar al día siguiente.

Ahora, observa la piedra, inhala profundamente y pronuncia:

"Piedra, con el símbolo de la flecha en ti, tráeme victoria, seré rico. Dinero, dinero, ven hacia mí".

Apaga la vela y conserva la piedra contigo durante las entrevistas. Una vez que hayas obtenido debidamente el empleo, avienta la piedra a un río o un arroyo.

Olvida el pasado

  Una vela negra
  Dos hilos gruesos
  Aceite de mirra

Sumerge los hilos en aceite de mirra. Haz un nudo en el extremo de un hilo, pues esto representa recuerdos que quieres olvidar. Haz otro nudo en el extremo del otro hilo, pues esto representa un futuro libre de los sentimientos del pasado. Sosteniendo el hilo con el nudo del pasado en tu mano izquierda, permite que se queme totalmente sobre la flama de la vela negra. Guarda el nudo del futuro en un lugar seguro, pues puede traerte suerte.

Protección contra los enemigos

MATERIAL:
- Dos velas negras
- Cristal de cuarzo

Para protegerte de tus enemigos, puedes quemar dos velas negras un sábado durante la fase menguante de la luna, y también colocar el cristal de cuarzo entre las dos velas.

Cuando enciendas las velas, pronuncia lo siguiente:

"El mal fracasará, y el bien siempre prevalecerá. Mal, vete de aquí y que para siempre yo esté protegido".

Trabajar duro

Cuando te sientas desalentado o tu mente se sienta vacía, puedes probar este hechizo y ver si realmente te funciona. Este encantamiento debe hacerse durante la fase creciente de la luna.

MATERIAL:
    Cinco aguamarinas (piedras)
    Una vela blanca

Prepara tu lugar para el hechizo, enciende la vela blanca y coloca las aguamarinas alrededor de la vela.

Al encender la vela, contempla la flama y repite:

"Me siento confiado e inspirado por la certeza de que mi trabajo es mi amor hecho visible".

A continuación, toma una piedra aguamarina en tu mano y repite:

"Tus energías me otorgarán un sentido de continuidad que me dará confianza cuando me sienta desalentado, y dotarán mi trabajo de un sentido de valor y significado".

Elimina hábitos no deseados

Si quieres eliminar hábitos no deseados, aquí hay un hechizo que quizá te ayude.

MATERIAL:
Tres velas color naranja
Una pluma
Tinta roja
Un plato resistente al fuego
Largas tiras de papel

Escribe en las tiras de papel los hábitos que quieres hacer desaparecer. Enciende las velas durante la fase menguante de la luna y repite las siguientes palabras:

"Quisiera disipar mis viejos hábitos".

Conforme vayas diciendo esto, quema el papel sobre la flama. Recoge las cenizas del papel quemado y aviéntalas a un río o un arroyo.

Para crear el sentido del equilibrio en tu vida

MATERIAL:
Una vela amarilla
Una vela blanca
Lepidolita (piedra)

Cuando sientas que tus emociones restringen tu crecimiento, puedes probar este hechizo para desvanecer las falsas ilusiones.

Coloca las velas en la mesa y enciéndelas. Pon la piedra entre las velas blanca y amarilla. Mientras ves la flama y meditas, repite las siguientes palabras:

"Integro mi conciencia espiritual al establecer mis prioridades y actuar con base en ellas".

La magia de la turquesa

MATERIAL:
  Una turquesa

Esta piedra tiene propiedades mágicas y la puedes usar, cargar contigo o dar como regalo a un ser querido. Puedes realizar un hechizo con esta piedra, sosteniéndola en tu mano durante una noche de luna llena y recargándola con tu determinación sobre lo que quieres del universo. Después visualiza lo que necesites que se manifieste en tu vida. Enseguida, ve directamente la luna y después desplaza tu mirada hacia la turquesa. La puedes usar, pues lleva consigo buena fortuna.

Hechizos dominicales

MATERIAL:
Joyas de oro o vestido de color dorado, o girasol, o caléndula

El sol rige el domingo, así es que este día puede considerarse afortunado para logros personales de cualquier tipo. Una mujer puede usar joyas de oro o vestirse de color dorado o amarillo sol y atraer algo de magia colorida a su vida. También puedes colocar girasoles en un florero, otorgándoles el poder de "flores solares", o juntar las comunes caléndulas y esparcir sus pétalos para estimular la prosperidad. También puedes comer naranjas como tentempié, y disfrutar el incremento de magia que esto trae a tu vida.

Algo está en el horno

MATERIAL:
- Una baraja de tarot
- Cartas con personajes del tarot
- Vela blanca
- Incienso de canela

Este hechizo tiene un mejor resultado durante un sábado de luna llena. Coloca las cartas que tienen personajes del tarot boca abajo en la mesa y enciende la vela blanca y el incienso. Elige cuatro cartas y colócalas boca arriba en la mesa. Las cuatro cartas representan a la gente que probablemente vendrá hacia ti y te ayudará en el futuro.

Pasa las cartas a través del calor de la flama, mientras dices:

"Haz nacer ayuda para mí, y sabio consejo".

Pasa un poco de incienso alrededor de las cartas y di:

"Cartas de figura, ustedes son mis sabias consejeras, véanme con ojos de amistad en este día de luna llena y llénenme de poder con toda su ayuda divina. Amén".

Desintoxícate

MATERIAL:
- Cristales de color rosa estridente
- Cristales de color rosa fuerte
- Cristales en forma de corazón
- Rubelita
- Vela blanca
- Aceite de lavanda
- Incienso de sándalo o copal

Enciende la vela blanca en el espacio que debes limpiar de energías negativas. Coloca los cristales alrededor de la vela, al tiempo de encender el incienso e invocar a los ángeles guardianes para que te ayuden en tu empresa. Unta un poco de aceite de lavanda en la vela y repite:

"Juntos liberaremos todas las energías negativas que no nos sirven, también donaremos, reciclaremos y descartaremos artículos que no se usen. Abriremos nuestras ventanas para hacer circular aire fresco y escoltaremos hacia fuera toda la negatividad".

Puedes repetir esto una vez al día durante cinco días consecutivos, y cuando sea noche de luna gibosa menguante*. Pronto notarás enormes mejorías en todas las áreas de tu vida.

*Pasada ya la fase correspondiente a la luna llena, la parte luminosa de la luna comenzará a menguar con el correr de los días, tomando así de nuevo la apariencia de una luna cóncava (gibosa), esta vez en su fase decreciente. (N. del t.)

Despertar espiritual

MATERIAL:
- Dos velas blancas
- Perla o madre perla, cuarzo
- Incienso de lavanda o salvia

Enciende las velas blancas en noche de luna llena, un lunes, y enciende también el incienso en tu altar. Unta la vela con algo de aceite de lavanda antes de encenderla. Sal y observa la luna en todo su esplendor y belleza. En tu ojo mental, visualiza imágenes de energía; conserva tu intención de ver sólo amor y eso es lo que verás.

Repite lo siguiente mientras observas las llamas de la vela:

"Oh, espíritu sin fronteras del universo, haz que mi mente pueda liberarse de toda duda y miedo. Ayúdame a abrir mi visión espiritual para que pueda recibir, con toda claridad, amor y guía celestiales para mi trabajo espiritual. Amén".

Ahuyenta la oscuridad, atrae la luz

MATERIAL:

    Una vela blanca
    Una vela negra
    Una vela de dios (de color masculino) y una vela
      de diosa (una de color femenino)
    Aceite de lavanda
    Turmalinas negras
    Incienso de olíbano o copal

Durante la luna menguante, un sábado, enciende las velas y unta aceite de lavanda solamente en la vela blanca.

Quema el incienso, coloca las turmalinas a un lado de la vela y repite:

"Contempla cómo la luz salvadora ahuyenta la oscuridad, Tú, Gran Ser, y que pueda sentir tu presencia perdurable. Ahuyenta toda la oscuridad y la depresión de mi corazón y llénalo con tu resplandor, para que pueda proyectar tu luz en cada acto de mi vida. Amén".

Encuentro con tu ser interior

MATERIAL:
Dos velas rosas
Una vela blanca
Cuarzos rosa y jade
Incienso de lavanda

Enciende las tres velas y el incienso en tu altar y coloca los cristales entre ellos. Al ver la flama, pídele al universo que ponga en orden tus emociones.

Repite las siguientes palabras:

"Ayúdame a perdonar a otros y a ver compasivamente el punto de vista de todos. Déjame acercarme a la situación con un corazón amoroso que permita que se viertan soluciones creativas. Ayúdame a desvanecer la incapacidad de perdonar a otros, ¡oh, Ángel Guardián! Ven a mis sueños y actúa como un deshollinador, barriendo todas las toxinas emocionales de mi corazón. Deja que suceda la curación emocional para mí en una forma milagrosa. Amén".

Obtén la victoria

MATERIAL:
  Jabón
  Agua

Elige una noche de luna llena para que tu mensaje alcance el universo. Debe ser temprano, cuando la brisa del reciente atardecer te ayude a soplar burbujas, que pueden visualizarse como contenedores de tus deseos de victoria.

Forma grandes burbujas de jabón y visualízate sonriendo y feliz en tu camino hacia la victoria, y después sóplalas hacia el universo. Envía cuantas burbujas quieras, y prepárate para una sorpresa placentera.

Hechizo para la paz

MATERIAL:
Una vela de vainilla
Calcita
Incienso de sándalo

Todos aman tener su espacio y sentir comodidad para poder relajarse. Para este hechizo, uno debe encender una vela de vainilla durante la fase creciente de la luna y sostener una calcita en la palma de la mano.

Repite la siguiente afirmación:

"Trabajo en una forma relajada, amable y tranquila para amainar las reverberaciones de ansiedad y las dificultades. Quiero sentir paz y tener control de mis experiencias, para que pueda llevar mis sentimientos a un estado más relajado con un mínimo de aflicción. Pido sentirme menos cargado cada vez que trabaje con mis energías. Amén".

Energía positiva

MATERIAL:
Una vela amarilla
Una vela color naranja
Esencia de pachulí y de jazmín
Incienso de rosa

Si bien la luna estimula la energía yin en el área conyugal, también lo hace dentro de los hogares. Para este hechizo necesitas untar tus velas amarilla y naranja con algunas esencias, ya sea de jazmín o de pachulí, y quemar incienso en tu altar o mesa de oraciones. Puedes realizar este hechizo en el rincón suroeste de tu sala durante la fase creciente de la luna.

Al tiempo de ver la flama, repite las siguientes palabras:

"La luna trae energía a mi hogar para vigorizar mi vida con pensamientos positivos y destruir cualquier energía negativa en todos los rincones del hogar. Amén".

Hechizo para la paciencia

MATERIAL:
Ámbar
Una vela blanca
Una vela amarilla

En viernes, durante la luna creciente, enciende una vela blanca y una vela amarilla en tu altar. Coloca el ámbar entre las dos velas.

Mientras veas la flama ardiente, repite:

"Quiero ayuda para elevar mis pensamientos a un nivel distinto; un nivel de paciencia y entendimiento donde pueda ver el significado de lo que está ocurriendo sin juzgar el tiempo y el esfuerzo implicados. Pido ser paciente con todos ahora y aceptarme sin juicio. Amén".

Invoca al leopardo
en tu interior

MATERIAL:
Una vela amarilla
Una vela blanca
Citrina o rubí

Cuando quieras representar liderazgo, poder y rango, o guiar a otros de manera amorosa, puedes probar este hechizo. Enciende las velas y coloca la citrina entre ellas en tu altar, durante la luna creciente.

Ve la llama y lanza esta afirmación al universo:

"Acojo mis poderes en una forma amorosa y me gustaría usarlos para un bien mayor. Me gustaría guiar, inspirar y motivar a otros. Ayúdame a explotar este poder sin miedo".

Comprende tu relación con las energías universales

MATERIAL:
Obsidiana

Sostén la obsidiana en tu mano y repite:

"Quisiera entender mi propósito en este universo y mi relación con otros seres. Permíteme ser un vehículo y entrar en otras dimensiones de realidad para una mayor comprensión de la vida. Mi energía debe tener un efecto liberador para que pueda entender mi naturaleza verdadera y desplazarme del pensamiento limitado a un mayor conocimiento".

Belleza interior

MATERIAL:
Carbón
Olla de barro
Ágata

Este hechizo sólo debe hacerse en interiores, durante luna llena, cualquier día de la semana, excepto sábado.

Al encender un pequeño carbón en una olla de barro, toma el ágata en tu mano y repite:

"Me gustaría ser honesto y hablar con la verdad conmigo mismo y sin juicio, pues esto me ayuda a abrir los canales para dar y compartir. Quiero estar seguro de que lo que diga sea para el bien mayor de toda la humanidad, y quiero estar seguro de que lo que diga llegará a donde más se necesite en ese momento. Amén".

Elimina la frustración

MATERIAL:
   Una vela negra
   Un topacio azul

Al encender la vela negra un sábado durante la fase menguante de la luna, sostén el topacio azul en tu mano y repite:

"Quisiera eliminar todas las frustraciones de mi mente y cualquier duda que surja cuando se hagan comparaciones sobre mis creencias presentes y mis actitudes. Quiero eliminar cualquier negatividad y traer una sensación de paz y seguridad, y pedirle permiso y espacio al universo para asimilar nuevos entendimientos en mi conciencia de una manera gentil, amorosa y aceptable. Amén".

Salvaguardia contra los sentimientos inquietantes

MATERIAL:
Amatista

Si requieres un medio más contundente para deshacerte de emociones negativas, puedes probar este hechizo. Después de que oscurezca, durante luna menguante, sostén el cristal de amatista en tu palma y envía una afirmación al universo.

Repite:

"Mis niveles de energía deben intensificarse con todas las formas y dentro de la Madre Tierra misma. Quiero tranquilizar mis niveles emocionales y mentales, para que pueda ver claramente qué acción necesito tomar, y beneficiarme a través de la intensidad de mi experiencia. Quiero moverme a través de cualquier trauma emocional con más paz. Amén".

Olvídate del pasado

MATERIAL:
Madera
Albahaca
Hierbas secas
Cristal de plomo

En primer lugar, haz una pequeña hoguera utilizando madera, albahaca y un puñado de hierbas secas.

Párate junto al fuego, sostén el cristal de plomo en tu mano y pronuncia lo siguiente:

"Quiero tener armonía en mi vida diaria y olvidarme del pasado. No quiero quedar atrapado en recuerdos nostálgicos o incidentes tristes. Ayúdame a fortalecer el interés en mi vida cotidiana y a encontrar hermoso cada día. Amén".

Regalos de alegría

MATERIAL:
Vela blanca
Incienso de rosa
Rubí

Durante la fase creciente de la luna, en viernes, enciende la vela y el incienso. Al contemplar la flama, repite:

"Quisiera dar amor incondicional a otros, practicar la expresión del poder de la voluntad al crear fuerza vital positiva para el crecimiento personal y espiritual de toda la humanidad. Amén".

Añade valor a tu vida

MATERIAL:
Tres velas de color naranja
Girasoles
Incienso de rosa
Ágata fuego

Durante la luna creciente, enciende las velas de color naranja y el incienso de rosa; coloca el cristal de ágata junto a él. A continuación, y mientras contemplas la flama, repite:

"A través de mis energías, quiero experimentar alegría y añadir valor a mi vida, darle un significado y propósito, sin importar cuál sea mi destino".

Apaga las velas y envía tu intención al universo. Puedes repetir este hechizo durante siete días.

Incrementa la previsión

MATERIAL:
Cristal de aguamarina

Sostén el cristal de aguamarina en tu palma y envía una afirmación al universo, pidiendo:

"Por la presente, pido a los poderes de este cristal que pueda recibir suficiente previsión y autoestima para que me den conciencia de la luz en mi interior. Quisiera actuar con previsión y en paz con todo lo que es en el universo. Amén".

Alegría permanente

MATERIAL:
   Una vela naranja
   Una vela amarilla
   Un cristal de cornalina
   Incienso de sándalo

En noche de luna llena, enciende las velas en tu altar junto con el incienso. Al colocar el cristal a un lado, repite la siguiente afirmación:

"Quisiera compartir la felicidad y ser alegre; actuar de manera más espontánea y descubrir oportunidades positivas cada día de mi vida. Amén".

Contempla la luna entre las nubes y pídele sus bendiciones.

Alcanza la conciencia emocional

MATERIAL:
Cristal de amatista

Sostén el cristal de amatista en tu mano y di:

"Quiero lograr una mayor conciencia emocional y felicidad, y también quiero aprender sobre el poder de mis emociones. Quiero crear un flujo positivo de fuerza vital y amor incondicional en mí mismo y en los demás".

Lleno de sentimientos

MATERIAL:
Una vela blanca
Una vela café
Un cristal amarillo de cornalina

Prepara tu altar con las velas y el cristal, enciéndelas y repite:

"Quiero que mis energías sean sensibles a mi entorno y no sean indiferentes ni insensibles en mis relaciones con las demás personas".

Apaga la vela y repite la misma afirmación al menos durante siete días durante la fase creciente de la luna.

Donde hay voluntad, hay modo

MATERIAL:
   Ojo de tigre (cristal)

Este hechizo proviene de una tradición muy antigua relacionada con la magia simpática o de imitación. Debe hacerse durante la fase creciente de la luna para obtener poder, y durante la fase menguante de la luna para eliminar cualquier debilidad de la voluntad que haya podido establecerse en ti. Al empezar tu afirmación, visualiza una luz blanca alrededor de ti, mientras sostienes el ojo de tigre en tu mano y envías oraciones al universo:

"Quiero que me ayuden a fortalecer mi fuerza de voluntad. Y mientras me fundo en la voluntad divina, encontraré una mayor paz y realización".

Motivación

MATERIAL:
   Piedra de jaspe

Al sostener el jaspe en tu mano, envía esta afirmación:

"Quiero que el jaspe acelere mi conciencia de todo lo relacionado con mis sentidos. Quiero expresarme creativamente y luchar contra la apatía, el abatimiento y la depresión. Quiero que mi sentido de la alegría por estar vivo y mi capacidad de motivar a otros se intensifiquen. Amén".

Aceptar mis circunstancias

MATERIAL:
  Azabache

Realiza este hechizo durante la fase menguante de la luna para que puedas eliminar las preocupaciones y haz una oración al universo mientras sostienes el azabache en tu mano.
  Repite:

"Quiero eliminar el pesar y las preocupaciones, y aceptar la realidad de las circunstancias y lo ineludible del cambio. Esto me liberará. Amén".

Mejora tu creatividad

Cuando necesites mejorar tus habilidades creativas, puedes invocar a tus ángeles de la guarda y decir:

"Por favor ayúdenme a mejorar y aumentar mis habilidades creativas y destinar tiempo y energía hacia objetivos creativos. Quiero invocarlos para que me guíen en todas mis empresas. Amén".

Conéctate con la naturaleza

MATERIAL:
Plumas caídas
Vela verde

Para tejer este hechizo, todo lo que necesitas hacer es buscar algunas plumas caídas, pues están cargadas energéticamente por el mundo natural. Coloca las plumas en tu altar.

Al encender la vela verde, envía tu afirmación al universo:

"¡Madre Tierra! Nútreme y protégeme, trae estabilidad y cohesión a mi vida, y el poder de manifestar lo que me proponga. Ayúdame a conectarme con la naturaleza en todas las formas para crear prosperidad y abundancia. Amén".

Aprender de las tribulaciones

MATERIAL:
- Olla de barro
- Hojas de albahaca
- Hierbas
- Semillas de ajonjolí
- Vela negra
- Aceite de ajonjolí

Cuando intentes superar los desafíos ante ti, puedes realizar un hechizo tradicional, el cual debe hacerse durante la fase menguante de la luna. Coloca una olla de barro ardiente en medio de tu mesa, que contenga algunas hojas de albahaca, hierbas y semillas de ajonjolí. Enciende una vela negra y úntala con aceite de ajonjolí.

Mientras contemplas las llamas, repite lo siguiente:

"Los desafíos a los que me he enfrentado me han hecho más fuerte, y en lugar de amargarme quiero abrir mi corazón compasivamente hacia otros. Quisiera superar cualquier desafío futuro que pudiera atravesarse en mi camino. Amén".

Apaga la vela y coloca la olla de barro afuera para que se extinga el fuego. Puedes hacer este hechizo por lo menos tres veces durante la fase menguante de la luna.

Hechizo para establecer prioridades

MATERIAL:
  Una vela color naranja
  Una vela color dorado

Lanza este hechizo durante el día en fase creciente de la luna, y en domingo, el día del dios sol. Necesitas encender una vela naranja y una dorada.

Enciende las velas y repite:

"Quiero concentrarme en las áreas en que la energía de mi alegría pueda aumentar. Quiero hacerme cargo de todos mis deberes y pasar tiempo en actividades que requieran atención. Quiero que me ayuden para que pueda honrar mis prioridades y apoyar los esfuerzos de mi vida. Amén".

Despliega tus alas

Trabaja en este hechizo al amanecer durante la luna creciente, cualquier día, excepto el sábado. Mientras haces una reverencia respetuosa hacia el Este, de cara al sol naciente, repite:

"Estoy listo para volar alto y darle la bienvenida a nuevas oportunidades, así como para seguir mi corazón y mis sueños desplegando las alas".

Está bien hacer este hechizo cuantas veces quieras durante la luna creciente.

Mejora tus habilidades de enseñanza y aprendizaje

MATERIAL:
Una vela amarilla
Portavasos

Lanza el hechizo durante la fase creciente de la Luna para mejorar la enseñanza y el aprendizaje de habilidades de comunicación. Enciende una vela amarilla y permite que la cera de la misma gotee en un portavasos hasta formar una tableta redonda de aproximadamente dos centímetros y medio. Mientras la cera está todavía suave, haz un dibujo de un maestro y un alumno. Deja que se enfríe, después despégala del portavasos y colócala cerca de la vela.

Repite lo siguiente:

"Quiero estar abierto a compartir nuevas ideas y conocimiento, y aprender sobre temas que no están dentro de mi esfera de interés. Quiero tener fe en mi habilidad para enseñar y aprender, pues mi mente debe ser una con lo divino".

Puedes hacer este hechizo cuantas veces quieras durante la fase creciente de la luna, pero es importante hacer lo mismo dentro de la casa.

Para desvanecer el miedo

MATERIAL:
  Vela blanca

Puedes realizar este hechizo durante la luna creciente para atraer su fuerza. Al encender una vela blanca, repite:

"Me gustaría deshacerme de mis preocupaciones, ya que estoy rodeado por mis ángeles guardianes. Quiero repeler todas las energías negativas y concentrarme en la luz y el amor, en lugar del miedo. Mi mente debe sentirse libre del miedo en todo momento, y las energías divinas deben limpiar mi casa, mi oficina, mi vehículo y mi comunidad de energías tóxicas. Amén".

Para la sabiduría

MATERIAL:
  Una vela amarilla
  Una vela color dorado

Puedes lanzar este hechizo durante la fase creciente de la luna, al encender una vela amarilla y otra dorada, y decir:

"Espero ser mucho más sabio en el futuro de lo que soy ahora y que mi sabiduría interna me brinde todas las respuestas que busco. Quiero poner todas mis ideas en acción y tomar decisiones sabias en el futuro. Amén".

Acabar con una discusión

MATERIAL:
  Carbón
  Olla de barro
  Incienso de olíbano o copal
  Vela azul
  Vela negra
  Raíces, hojas y clavos (especia)

Prepara este hechizo durante luna nueva o menguante, y en martes, el día del celoso Marte, para tu protección. Quema un poco de carbón en una pequeña olla de barro y enciende algo de incienso de olíbano o copal, una vela azul y una vela negra.

Coloca la olla en medio de la mesa, agrega algunas raíces, hojas y clavos al fuego, y repite:

"Quiero expresar mis sentimientos y pedir el apoyo que necesito para trascender discusiones y peleas insignificantes. Amén".

A continuación, extingue el fuego y visualiza la reconciliación después de la pelea.

Limpiar el desorden

MATERIAL:
Vela blanca

Este hechizo debe lanzarse en el interior de tu hogar durante la fase menguante de la luna. Enciende una vela blanca y repite:

"Quiero deshacerme de todo el desorden en mi casa y quiero que sólo entren energías positivas a mi espacio".

Deja que la vela se consuma hasta el final, después toma la cera remanente y espárcela afuera de tu hogar hacia las cuatro direcciones.

Necesito respuestas

MATERIAL:
  Vela rosa
  Cuarzo rosa (cristal)

Crea una sombra ligera con una vela de color rosa durante la fase creciente de la luna. Ponte un cuarzo rosa o sostenlo en tu mano, y tu corazón se abrirá a las respuestas que debes obtener del universo.

Conforme veas fijamente la flama, repite:

"Necesito respuestas y quisiera seguir mis intuiciones y trabajar para reconocer mis mayores sueños y oportunidades. Pido obtener todas las respuestas con la ayuda divina y saber que es normal que los milagros ocurran en la luz".

Piedras que funcionan

MATERIAL:
Una pequeña bolsa de terciopelo
60 piedras artificiales y naturales

Puedes llenar una bolsita con varias piedras artificiales y naturales, unas 60 en total. Piensa en tu pregunta y toma un puño de piedras de tu bolsa al azar. Después cuenta las piedras que has elegido. Los números impares sugieren un resultado favorable y los números pares indican un revés de la fortuna.

El monstruo de los ojos verdes

MATERIAL:
Vela blanca
Aceite de lavanda

Lanza este hechizo cualquier día de la semana durante la salida de la luna. Unta una vela blanca con aceite de lavanda, evitando la mecha; empieza en la base con brochazos ascendentes, y después de la parte superior a la base, deteniéndote a la mitad. Repite este proceso tres veces.

En cuclillas junto a tu altar y observando la flama, repite lo siguiente:

"Solicito que toda la envidia y el resentimiento se desvanezcan y, mientras me arrodillo ante la vela, sea yo protegido de todo enemigo. Amén".

Para dejar de tener pesadillas

MATERIAL:
   10 vainas de cardamomo
   1 cucharadita de sal
   15 clavos (especia)
   Un poco de pimienta
   Unas semillas de romero
   Una vela blanca
   Una vela rosa

Prepara lo siguiente y mantenlo debajo de tu cama para estimular un sueño apacible y detener pesadillas indeseadas.

Enciende una vela blanca y otra rosa; colócalas en tu altar. Machaca los clavos, el cardamomo, la pimienta y la sal hasta formar un polvo fino. Haz una mezcla con las hierbas y colócala en una bolsita. Al hacer la bolsita concéntrate en recuerdos pacíficos y pensamientos bellos.

Al colgar la bolsita al lado de tu cama, repite en voz alta:

"No quiero tener ninguna pesadilla que me atemorice, y quiero que mi mente, mi cuerpo y mi alma estén en equilibrio perfecto. Amén".

Prepararte

Abrir tus puertas internas y tratar de encontrar la paz en ti mismo es importante para entender a dónde se dirige tu vida. Para ello, debes realizar este ritual solo, muy temprano en la mañana; debes estar parado y hacer un gesto de apertura a cada una de las cuatro energías elementales: la tierra, el fuego, el agua y el aire.

Al ver hacia el Este, repite:

"Ayúdame a revisar mi vida, en dónde he estado, lo que he aprendido, los patrones que debo seguir y dejar ir hacia el universo, y por lo que debo estar agradecido. Quisiera crecer y aprender de esta revisión, e intentar cambiar y curar cualquier punto que esté desequilibrado. Amén".

Modificar el pensamiento

MATERIAL:
Vela roja
Bolígrafo de tinta roja
Cristal de cuarzo
Hoja de papel

Enciende una vela roja y siéntate viendo hacia el sur. Toma la hoja de papel y con tinta roja escribe lo que te gustaría cambiar sobre tus procesos de pensamiento. Con cuidado, dobla el papel y quema un extremo del mismo ligeramente sobre la flama de la vela roja. A continuación, toma un cuarzo y colócalo sobre la parte superior del papel.

Mientras ves la llama, visualiza tu cambio de pensamiento y repite:

"Sólo hablaré bondades, pensaré con gentileza, veré mis propias faltas y seré generoso hacia todos y cada uno".

Ver hacia el interior

Todos necesitamos nutrir al niño que llevamos dentro y podemos hacerlo prestando atención a las imágenes, sentimientos y otras percepciones en nuestro camino. Puedes escribir lo que has experimentado, y cuando hayas terminado, siéntate en una silla, inhala y exhala varias veces y concéntrate en lo que has escrito.

Repite lo siguiente:

"¡Oh, Dios mío! Ayúdame a nutrir al niño interior, ayúdame a aprender lo necesario, y para ello ayúdame a jugar, a reír, a ser simple y a estar despreocupado como un niño lo haría, pues estas actividades son importantes para mí en este momento. Amén".

Conectarte con el exterior

Puedes conectarte con la naturaleza al contemplar la luna en noche de luna llena, y decir:

"¡Quiero obtener algo de aire fresco y energías lunares, diosa de la luna! Ayúdame a sincronizar mis ritmos con el latido universal. Amén".

Hechizo para la amabilidad

MATERIAL:
Una vela azul
Una vela blanca
Un instrumento musical
Una turquesa (cristal)

Realiza este hechizo durante el principio de la
fase creciente de la luna, enciende las velas en
tu altar y coloca la turquesa junto a ellas.
También puedes tocar el instrumento musical de
tu elección, para invocar la armonía y el ritmo
naturales. A continuación, sostén la turquesa en
tu mano y medita sobre su color azul.

Repite:

"Quiero invocar las cualidades de la
amabilidad y la tranquilidad y rodearme de
gente, situaciones y ambiente amables. Amén".

Buenos modales

MATERIAL:
Vela naranja

Dibuja un círculo y honra a los cuatro elementos de aire, fuego, agua y tierra. Enciende la vela naranja y di:

"Limpia mi mente, Espíritu puro. Llena mis pensamientos con buenos modales. Busco esta flama y honro tu presencia, y te pido que escuches mi plegaria".

Puedes repetir este hechizo tantas veces como quieras en la fase creciente de la luna.

Sé sano

MATERIAL:
Vela blanca
Cristal de color esmeralda

Para un estilo de vida saludable, enciende una vela blanca durante la fase creciente de la luna y sostén un cristal de color esmeralda en la palma de tu mano.
Repite:

"Quiero comer una dieta saludable, tener un descanso adecuado y ejercitarme libremente para que mi salud se restablezca".

En la cima del mundo

MATERIAL:
Vela roja

Si quieres sentirte en la cima del mundo, puedes fortalecerte con cada día que pasa. Este hechizo puede realizarse durante todas las fases crecientes de la luna, especialmente los viernes. Enciende una vela roja y pídele al universo que te conceda toda la protección y guía, para que no caigas en el engaño del miedo y la preocupación.

Puedes voltear a ver la luna y decir:

"Quisiera apuntalar la confianza en mí mismo y desarrollar autoestima".

Está bien repetir esta práctica tantas veces como quieras durante la fase creciente de la luna.

Hechizo para la resaca

MATERIAL:
Sal marina
Vela negra

Antes de empezar el hechizo, toma un poco de sal marina y espárcela en varios sectores de tu casa, pues conlleva las poderosas energías depuradoras del océano. Enciende una vela negra en cualquiera de tus habitaciones y visualiza que te has abstenido por completo de beber alcohol en cualquiera de sus formas.

Repite la afirmación:

"Realmente no quiero pensar sobre mi mal hábito y percibo esto no como un problema, sino como un desafío a vencer. Quiero que me ayuden a dejarlo, en lugar de llevar la carga del mismo. Amén".

Obtener un sueño profundo

MATERIAL:
Vela amarilla

Este es un hechizo sencillo que puede realizarse con frecuencia cuando los patrones de sueño se alteren. Cada noche antes de irte a dormir, enciende una vela amarilla y repite:

"Quiero liberar cualquier energía en desequilibrio que haya absorbido durante el día. No quiero que ninguna energía negativa tenga efecto sobre mi mente consciente, mis emociones o mi cuerpo físico, ¡pues ciertamente soy la luz!".

Está bien repetir esta plegaria cada vez que necesites descansar profundamente durante la noche.

Honra tus obligaciones

MATERIAL:
Vela amarilla

Lanza este hechizo durante la fase creciente de la luna para honrar tus obligaciones, y en cualquier día de la semana, excepto el sábado.

Enciende una vela amarilla y mientras contemplas la flama, repite:

"Ángeles de la guarda, véanme bien y con gentileza mientras honro mis obligaciones hacia los demás. Invoco a la dama de la luna esta noche para que me otorgue el poder de ser fiel conmigo mismo y con los demás".

Apaga la vela y da las gracias. Puedes repetir este hechizo cuantas veces quieras durante la fase creciente de la luna.

Hechizo para la cercanía y la curación

Vela blanca

Este hechizo está otra vez asociado con la madre luna y puede realizarse en noche de luna llena.

Enciende una vela blanca y mientras contemplas la flama, repite:

"Mi voluntad personal y las emociones que la acompañan están en armonía con mi voluntad superior. Quisiera sentirme cerca de mi familia y de mis seres queridos, mientras libero toda la tensión nerviosa y me siento tranquilo y relajado".

"No hay mal que por bien no venga"

MATERIAL:
- Tres velas color naranja
- Tres velas blancas
- Semillas de romero
- Polvo de naranja

Sabes que tienes el derecho de sentirte optimista en cada situación y que puedes realizar un hechizo sencillo que siempre te hará sentir con esperanza. Durante la fase creciente de la luna, enciende tres velas color naranja y tres velas blancas. Colócalas de manera alternada y enciéndelas una tras otra de derecha a izquierda.

Esparce algunas semillas de romero y un poco de polvo de naranja encima de las flamas y repite:

"Mi perspectiva optimista debe mantenerme alegre y tranquilo cada día".

Puedes repetir este hechizo cada vez que quieras sentirte optimista.

Espejito, espejito

MATERIAL:
Vela blanca
Papel
Marcador negro

Cuando quieras saber la verdad y te sientas desorientado sobre alguien o algo, puedes probar este hechizo y ver si funciona. Durante la fase menguante de la luna, enciende una vela blanca en tu altar y dibuja 20 varitas mágicas en una hoja de papel, algunas en posición correcta y algunas de cabeza.

A continuación, con un marcador negro en tu mano, cierra tus ojos, desplázate sobre el papel y piensa en la persona que te ha mentido, e intenta encerrar en un círculo una de las varitas mágicas dibujadas en el papel.

Si la varita mágica está de cabeza, significa que la persona te ha engañado y ha usado mal sus poderes, y esta situación requiere extrema cautela. Si encierras en un círculo una varita que está hacia arriba, eso indica honestidad, integridad y un resultado favorable de los acontecimientos, y muestra que la persona no tenía ninguna motivación egoísta.

Pide un deseo a las estrellas

MATERIAL:
  Vela blanca
  Vela morada

Con este hechizo, durante una noche clara en fase creciente de la luna, puedes incrementar la abundancia. Puedes voltear a ver las estrellas y declarar tus deseos en voz alta. Es preferible hacer el hechizo en domingo.

Enciende una vela blanca y una morada, y usando la meditación de la flama violeta, pronuncia:

"Le pido a las estrellas propósito, guía y optimismo, y que la conclusión presente de un paso le dé un sentido de continuidad a mi vida. Amén".

El poder de las flores

MATERIAL:
Margaritas frescas

Puedes probar este hechizo para saber si tu amante te ama o no. Este es un hechizo fácil y valioso, pues te da comprensión sobre tus relaciones, amistades, decisiones, y equilibra las energías masculina y femenina. Arranca unas margaritas de tu jardín o cómpralas en una florería.

Al ir arrancando los pétalos, continúa diciendo:

"Me ama o no me ama".

Sigue haciendo esto hasta que llegues al último pétalo. La respuesta a tu pregunta yace en el último pétalo que arranques.

Evita reveses

Vela azul

Si necesitas evitar reveses en tu vida, puedes realizar este hechizo. Durante la fase menguante de la luna, enciende una vela azul en tu altar y repite:

"Invoco a mi ángel guardián y le pido que pueda evitar todos los reveses en mi vida, así como poder apreciar mi ser y ver lo hermoso que soy en este momento".

Pasa algo de tiempo contigo mismo para encontrar las respuestas a lo que realmente está sucediendo en tu vida, y trata de evitar situaciones y personas difíciles. Puedes repetir este hechizo tantas veces como quieras durante la fase menguante de la luna, y tu suerte mejorará en menos de un ciclo lunar.

Inspira e influye a otros

MATERIAL:
Vela blanca

Cuando necesites inspirar a la gente, puedes probar este hechizo. Durante la fase creciente de la luna, y en jueves, sagrado para Júpiter, enciende una vela blanca y repite:

"Me gustaría tener éxito e inspirar a otros en sus empresas. Quisiera emanar las maravillosas cualidades de amor, fuerza y fe inquebrantables en todo lo que hago".

Hechizo de la pulsera

MATERIAL:
  Pulsera de plata con piedras o cristales poderosos
  como jade, perlas y esmeraldas

Puedes usar una pulsera con incrustaciones de ciertos cristales poderosos, como esmeraldas, perlas y jade. En noche de luna llena, toma tu pulsera y atrapa el reflejo de la luna, y de esta manera le darás poder a tu joya. Así, pronto entenderás estas piedras y el poder que yace en ellas.

Al cielo y de regreso

MATERIAL:
Dos velas blancas

Este hechizo puede hacerse en cualquier fase de la luna, y es un intento de contactar a tus seres queridos en el cielo. Enciende dos velas blancas y trata de tranquilizar tu mente mientras meditas sentado. Al meditar, quizá puedas sentir su presencia en esos momentos de mayor calma. Estas realmente son visitas y puedes confiar en tu intuición. También te pueden visitar en tus sueños en esa noche particular. Esto te ayudará a entender que tus seres amados están a salvo en el cielo y quieren lo mismo para ti.

Dar y recibir

Amatista

Puedes lanzar este hechizo durante las fases crecientes de la luna y enviar tus afirmaciones de amor incondicional al universo. Sostén la amatista en tu mano, voltea hacia el Este y repite:

"Quiero estar con gusto receptivo y dejar ir mis viejos patrones de pensamiento sobre mí mismo y los demás. En su lugar quiero un sentido de seguridad emocional que me permita estar abierto a todas las nuevas experiencias. Quiero sentir la garantía de que no fracasaré en mis nuevas empresas de dar y recibir de y hacia los demás. Amén".

Todos ganan

Tres velas de color azul pálido
Vino

Este hechizo puedes realizarlo durante la fase creciente de la luna, y te sirve para lograr una situación en la que todos ganen y para obtener soluciones que sean justas para los involucrados. Enciende tres velas de color azul pálido en tu altar y bebe una taza de vino la noche anterior a la realización de tu hechizo. Mantén otra taza de vino en tu altar, junto a la vela, para representar a la otra persona involucrada. Al ver la flama de la vela, pronuncia afirmaciones positivas para mantener elevado tu ánimo. Visualiza tus conversaciones sobre la situación, con palabras que sólo sean positivas y optimistas.

Propósito dirigido

MATERIAL:
Sugilita o collar de sugilita
Una vela azul
Una vela morada

Si quieres ser claro sobre lo que deseas y concentrarte en tu objetivo, puedes realizar este hechizo una vez a la semana muy temprano en la mañana. Enciende las velas y coloca el collar de sugilita a su lado. Pídele al universo que canalice mensajes profundos para ayudarte a aclarar tus intenciones de la semana. Apaga la vela y da las gracias.

Un modelo a seguir

MATERIAL:
Una imagen de un león o un modelo a seguir
Una vela blanca
Una vela roja

Puedes realizar este hechizo a cualquier hora del día. Enciende tus velas y coloca las imágenes en el altar. Repite:

"Quiero ser valiente y defender las cosas en que creo. Quiero reflejar las cualidades de un león, incluyendo valor, valentía, concentración y movimientos elegantes".

A continuación, observa la imagen del dios león en la mesa e invócalo para que aumente tu confianza y tu valor.

Aclarar la confusión

MATERIAL:
Una vela blanca

Lanza este hechizo durante la fase creciente de la luna cualquier día de la semana. Mientras enciendes la vela blanca, aclara tus dudas y confusión, y repite:

"Quisiera moverme hacia delante en mi camino sin confusión ni obstáculos. Amén".

Estas podrían ser las respuestas

MATERIAL:
  Hornito de aceite
  Vela de té
  Alcanfor
  Veladora (blanca)

Debes saber que necesitas prestar atención a los pensamientos e ideas que vengan a tu mente, porque estos bien podrían ser las respuestas. Enciende un hornito de aceite junto con una vela de té y algo de alcanfor sólo para eliminar cualquier negatividad de la habitación en la que meditas. Como ayuda para la concentración en tus pensamientos e ideas, enciende una veladora, de preferencia blanca.

Mientras volteas hacia el Este, repite:

"Quiero que mis respuestas vengan a mí en la forma de pensamientos e ideas repetitivos. Quiero beber de la sabiduría divina ahora, para que pueda darme cuenta y registrar mis pensamientos. Confío en que esta información que viene hacia mí me ayude en el viaje de mi vida".

Mejora tu situación

MATERIAL:
Vela blanca

Lanza este hechizo durante la fase menguante de la luna para alejar la ansiedad. Enciende la vela blanca y repite:

"Quiero que me ayuden a sintonizar mi situación cotidiana y no quiero hacer nada de manera impulsiva, lo que puede ser innecesariamente arriesgado. Quiero tener un sentido de seguridad y ayuda divina, para que mis decisiones estén en armonía con las metas de largo plazo que he establecido para mí".

Perdonar a otros

MATERIAL:
  Vela blanca
  Incienso (a tu gusto)

Cuando quieras dejar ir el resentimiento, el juicio y el enojo, aquí hay un hechizo sencillo que puedes probar. Pon un poco de música tranquila, enciende una vela blanca y algo de incienso de tu elección, respira profundamente y haz una pequeña visualización o meditación.
    Al visualizar puedes decir en voz alta:

"Quiero liberar las toxinas de energías negativas y perdonar a la persona o la situación para que pueda seguir adelante con mis sueños".

Comenzar el proceso de cambio

MATERIAL:
Adorno de plata

Cuando sientas que estás estancado y quieras seguir con tu vida, aquí hay un hechizo que puedes realizar fácilmente en tu casa. Si tienes un adorno de plata, como un pendiente, puedes programarlo para liberar todo aquello que te constriñe y te aleja del proceso de cambio que acontece en tu vida. Sostén el adorno de plata en la palma de tu mano y envía una afirmación al universo, diciendo:

"Quiero incrementar la percepción de mi naturaleza emocional y quiero que mis energías sean amables, que armonicen y fluyan y traigan los cambios deseados que necesito en esta vida".

Despierta tus energías

MATERIAL:
Vela roja

Descubrimos que, en tiempos de estrés, con frecuencia nos olvidamos de respirar. Así es que aquí hay un hechizo sencillo que te ayudará a despertar tus energías. Durante la fase creciente de la luna, puedes encender una vela roja y decir:

"Quisiera llenarme de vitalidad con respiraciones profundas y continuas e inhalar aire fresco para llenar de energía mi cuerpo, mi mente y mi espíritu. Amén".

Está bien hacer esto cuantas veces quieras durante momentos estresantes.

Progreso constante

MATERIAL:
Bolígrafo de tinta roja
Hoja de papel
Una vela

Cuando necesites hacer un progreso constante en tu vida, debes entender que no es la perfección sino el progreso lo que realmente importa. Escribe en un papel, con tinta roja, tus ideas y pensamientos sobre cómo quieres reconocer este progreso. Enciende una vela durante la fase creciente de la luna y cuidadosamente dobla el papel en forma rectangular. Trata de quemar parte de las esquinas sobre la flama. A continuación, mantén el papel cerca de la vela y trata de visualizarte ayudando a la gente a lo largo del camino, y perdonándote por lo que has o no has hecho.

Visión artística

Vela amarilla

Si quieres asistir a clases formales, trabajar con un tutor o desarrollar tu creatividad, prueba este hechizo. Esto debe hacerse durante la fase creciente de la luna para mejorar tus habilidades creativas y artísticas.

Conforme enciendas la vela amarilla, repite:

"Quiero usar mis días de manera sabia para alcanzar una educación superior, ideas originales y una mayor autoestima. Ayúdame en mi tarea, para que pueda caminar a través de ella con total fe".

Mira de manera más profunda

MATERIAL:
Tazón grande de agua
Vela blanca
Incienso

Cuando necesites mirar de manera más profunda, más allá de la superficie de cualquier situación, y encontrar respuestas, aquí hay un hechizo sencillo que puedes realizar. Necesitas un tazón grande de agua para ver tu reflejo, una vela blanca y un poco de incienso de tu elección.

Al encender la vela, mira de manera más profunda en el agua y pide:

"Actualmente no carezco de toda la información importante, y quisiera poder mirar de manera más profunda para un mayor entendimiento".

A continuación, siéntate quieto durante diez minutos y escucha tu verdad interior.

Para creer en ti mismo y en otros

MATERIAL:
  Carbón
  Olla de barro
  Semillas de ajonjolí
  Aceite de canela
  Piedra (rectangular)
  Pintura de aceite
  Pincel

A veces es importante creer en nosotros mismos y en los demás. Puedes lanzar este hechizo durante cualquier fase de la luna, excepto en luna nueva. Enciende un poco de carbón en una olla de barro y esparce unas semillas de ajonjolí y dos gotas de aceite de canela. Consigue una piedra, preferiblemente rectangular, un pincel fino, de artista, y algo de pintura de aceite. A continuación, pinta en la piedra el símbolo de una mujer con sus manos abiertas hacia arriba, que simboliza la fe y la creencia universales. Pasa esta piedra a través del humo del incienso y a través de la flama de la vela, y repite:

"Me gustaría apreciar la bondad esencial en otros, y creer en ellos, así como eliminar cualquier duda sobre mis propias capacidades como individuo".

Está bien repetir esto cuando te sientas triste y necesites creer en ti mismo.

Hechizo de la burbuja

Si te sientes atribulado y necesitas paz mental para escapar por un tiempo, puedes probar este hechizo de visualización. Trata de imaginar que estás dentro de una burbuja gigante con luz blanca, que te brinda protección y paz, y estás volando en el cielo contra un viento indomable. Mientras flotas, tendrás una sensación de tranquilidad y calma y obtendrás paz interior. Puedes salir de tu burbuja y practicar lo mismo en tiempos difíciles.

Hechizo del collar

Cadena con una piedra como jaspe, jade, ónix o rubí

Es fácil obtener un collar con ciertas piedras incrustadas, como jaspe, jade, ónix y rubí. Llena de energía el collar dejándolo afuera durante una noche de luna llena, y úsalo al día siguiente. Envía afirmaciones positivas sobre lo que anhelas alcanzar y no te sorprendas si descubres que tus deseos se vuelven realidad.

Todas las miradas sobre mí

Cuando necesites estar bajo el reflector y quieras llamar la atención en una fiesta, todo lo que necesitas hacer es este simple hechizo. Sólo unas cuantas horas antes de asistir a la fiesta, repite la siguiente afirmación:

"Quiero expresar la alegría de estar vivo y sólo la gente íntegra vendrá a mí y me apreciará, para que yo también pueda entender lo bello que es el mundo".

Para ser un(a) activista

Cuando te hayan pedido abogar por una causa justa o una cuestión social, aquí hay un hechizo sencillo que puede detonar tu nivel de interés y confianza. Durante la fase creciente de la luna, repite lo siguiente:

"Quiero incrementar mi pasión por tal tipo de trabajo y hacer un compromiso para servir de alguna manera, a fin de reparar esas situaciones al máximo de mi capacidad".

Bibliografía

1. Fernie, Williams T. *The Occult and Curative Powers of Precious Stones* (Los poderes ocultos y curativos de las piedras preciosas), 1973, Rudolf Steiner Publications.
2. Santopietro Nancy, *Fengshui and Health* (Feng Shui y salud), 2002, B. Jain Publishers.
3. www.worldoffengshui.com
4. www.western-mysteries.org